NORDIC
EARLY
CHILDHOOD
EDUCATION

U0686026

北欧学前教育

卓越之路：质量保障与创新实践

霍 琳 ◎ 著

中国大百科全书出版社

图书在版编目（CIP）数据

北欧学前教育 / 霍琳著 . -- 北京：中国大百科全书出版社，2024. -- ISBN 978-7-5202-1582-4

Ⅰ. G619.53

中国国家版本馆 CIP 数据核字第 2024RQ8050 号

出 版 人　刘祚臣
策　　划　刘　嘉
责任编辑　杜晓冉
封面设计　博越创想
责任印制　李宝丰
出版发行　中国大百科全书出版社
地　　址　北京阜成门北大街 17 号
邮　　编　100037
网　　址　http://www.ecph.com.cn
印　　刷　河北鑫玉鸿程印刷有限公司
开　　本　710 毫米 × 1000 毫米　1/16
字　　数　139 千字
印　　张　10.75
版　　次　2024 年 7 月第 1 版
印　　次　2024 年 7 月第 1 次印刷
定　　价　78.00 元

前言

北欧国家（包括丹麦、挪威、瑞典、芬兰和冰岛）位于欧洲北端，神秘而令人神往。那里拥有让人叹为观止的自然景观和丰富独特的文化和历史。蜿蜒的峡湾、高耸的山峰、倾泻而下的瀑布、碧蓝的海水、壮丽的冰川、宁静的村庄……所有这些元素交织在一起，让这片土地充满了魅力和生机。

但北欧国家的美丽远不止于此。沉痛悲怆的北欧神话、维京人的征服、中世纪的国王和传奇的民间故事，赋予了北欧地区迷人的文化和传统。无论是瑞典或丹麦充满活力的城市，还是挪威、芬兰和冰岛的魅力乡村，都会给人带来惊喜。北欧国家在国际幸福指数和人类发展指数方面名列前茅，这与其强调平等、社会包容和可持续发展的价值观密切相关。北欧地区也因其包括学前教育①在内的高质量的教

① 北欧各国提供的学前教育服务在名称、年龄、形式上存在差异，部分国家使用"幼儿教育与保育（early childhood education and care）"，部分使用"学前教育（preschool education）"。在本书中统一使用"学前教育"，指北欧各国为0岁至义务教育阶段的儿童提供的教育及保育服务；对实施教育及保育服务的机构，称为"学前教育机构"或"幼儿园"。

育体系而备受瞩目。在北欧，学前教育不仅仅是早期教育形式，更被看作是培养未来公民的基石，国家致力于为儿童提供全面发展的教育环境，重视儿童的个体发展和幸福感。这种高质量的学前教育体系在很大程度上反映了北欧国家对儿童权利、机会均等和未来社会发展的承诺。

在北欧国家的学前教育体系中，独特的价值观融入了教育的每一个角落。这些国家对儿童的全面发展给予极大的关注，学前教育被视为塑造孩子综合素质的重要阶段，教育内容涵盖了认知、语言、社交和情感等各个层面。为实现这一目标，北欧国家创造了丰富多彩的教育环境，既鼓励儿童的好奇心，又激发他们的创造力和探索精神。教育场所中充满了各种游戏、艺术材料及自然元素，使儿童在不同的环境中都能积极参与和学习。这种多样性的学习机会有助于培养儿童的多元智能和综合能力，让他们从小就充满热情地探索世界。儿童的自主性和参与性在北欧学前教育的实践中也有充分展现。北欧教育者们鼓励儿童主动参与丰富而有挑战性的活动，并在体验的过程中发表自己的意见和想法。儿童有机会参与决策和规划，并在活动过程中积累自信和责任感。在北欧的幼儿园里，教师扮演着支持者、观察者和启发者的角色。系统的专业培养和持续性的专业发展确保了教师始终处于教育的最前沿，能够应对不同年龄段儿童的需求和挑战，并在教育中实施最新的教育方法和理念，为儿童提供优质的学习体验。此外，教师还在教育中传递价值观和道德观念，帮助儿童培养社会责任感和公民意识。他们通过言传身教，引导儿童学会尊重他人、合作交往，并能够关心社会和环境。近年来，北欧国家加大了对研究和评估在早期儿童教育中的作用的关注，积极投入资源进行教育研究，旨在深入了解儿童的学习和发展，以及教育政策对教育实践过程的影响。同时，通过实施系统性的研究项目和调查，收集大量关于儿童学习和发展的数据，以了解儿童的需求、兴趣和挑战，从而更好地设计教育计划和课程。通过数据分析，政府和教育机构能够作出基于数据的决策，有针对性地改进教育政策和实践。

目前国内有关北欧学前教育的介绍和研究并不多，本书在写作时自设了两个目标。一是尝试探究北欧国家学前教育的核心特点和价值观，以及其形成的文化历史背景和积累的经验。希望对其环境、教学和师资等要素的介绍和研究，能让大家更全面地了解北欧学前教育的理念和实践，为我国的学前教育工作者打开一扇窗。二是聚焦于北欧学前教育的质量发展。本书采用生态系统的视角作为基本框架，对北欧国家在提供高质量学前教育方面所采取的策略和做法，从宏观、中观、微观的视角进行了阐释。在宏观层面，探讨政府在制定学前教育政策方面的投入和支持，以及法律框架对教育质量的引导作用。在中观层面，主要聚焦学前教育机构的组织结构、教师培训和质量评估，以揭示如何确保教育质量的一致性和稳定性。在微观层面，关注幼儿园的环境和课程，以及教师在教学中的角色和实践，揭示他们如何借助个性化指导、师幼互动和创新教学方法来提升学前教育的质量。此外，本书在阐述的过程中也关注了各系统要素之间的联系。例如，在分析父母参与的情况时，同时关注国家的指导文件作为关键的促成因素如何支持家庭合作。

尽管本书提供了关于北欧学前教育在质量保障方面相似性和差异性的做法和见解，但仍存在一些遗憾和不足。比如，书中内容大多基于现有文献和政策文本，尽管其引用频率可以反映政策和背景方面的情况，但研究方法的局限性仍不可忽略。再者是对于词语的选择和解读，这也是在跨文化比较研究中的一个常见问题。哪怕是在有同质性的北欧地区，还是存在文化上的差异，概念和语言的等价性也构成了研究的挑战之一。有一些特定的术语在其他文化中很难找到对等的词汇。比如，挪威国家课程文件《幼儿园内容与任务框架计划》中提到的概念"formation"（挪威语 danning），涵盖和扩展了学习、游戏和关怀的概念，强调幼儿的全面成长和发展，包括智力、道德、社交和情感等方面。这种教育理念在幼儿早期的全面发展中扮演着重要的角色，促进他们成长为有批判思维、具有价值观和社会意识的个体。在德语中相对应的表达为"bildung"，这是德国教育哲学中的一个关键概念，强调个人的全面发展和成长，以及培养人的个性、智慧和创造力，而不仅仅是传授知识和技能，包括对道德、价值观、文化和社会的理解及对自我和他人的认知。两者在内涵上还是存在细微的差异。本书的分析大多基于各国课程文件的英译版本，而不是本国语言的课程文本。因此字面上等效的词汇在不同的北欧国家是否具有完全对等含义还需进一步考查。

本书是作者在挪威访学时完成的，因而有机会深入了解北欧国家学前教育的实际运行情况，并亲身感受到了他们对学前教育的热爱和奉献。写作期间得到了挪威的同事、幼儿园园长和教师们的热情帮助。他们慷慨地分享了他们的专业知识、实践经验和观点，为本书提供了宝贵的素材和见解。他们的鼓励与支持不仅丰富了本书的内容，也为将来个人的专业成长提供了许多有益的交流与合作的机会。感谢北京教育学院的领导和同事一直以来对我的鼓励和指导，这是我在工作中克服困难、不断进步的信心来源，使我能够在教学、培训和研究方面慢慢进步。感谢中国大百科全书出版社编辑老师们的耐心和细心，在本书的整理出版过程中，各位老师的专业指导和悉心关注使内容得以更加准确、清晰地呈现给读者。

目录

第四章　外部层面：高质量学前教育服务的管理

第五章　中间层面：幼儿园、家庭和社区的协同合作

第六章　微观层面：课程、教学与环境共塑品质

结语　/147

参考文献　/150

第一章

北欧与北欧的学前教育

一、北欧国家概况

北欧是位于欧洲北部和北大西洋地区的一个地理区域，这个地区也被称为"Norden"，直译为"北方"。北欧国家通常指位于北欧的丹麦、芬兰、冰岛、挪威和瑞典五国及其附属领土，如属于丹麦的法罗群岛、格陵兰，属于芬兰的奥兰群岛和属于挪威的斯瓦尔巴群岛。北欧拥有广阔的未被破坏的荒野，主要是森林、草地、山脉和水域，绝大部分属于温带大陆性气候，冬季漫长，气温较低，夏季短促凉爽。冰岛、挪威北部属于寒带气候，丹麦、斯堪的纳维亚半岛西南部属温带海洋性气候。北欧五国共占地350万平方千米（格陵兰岛占其中60%的土地，大部分为不宜居住的冰盖和冰川），北欧地区人口总数2700多万，自2000年以来，人口增长了360万人，约为人口总数的13%。[①]北欧五国在教育、经

---

① The Nordic Council and the Nordic Council of Ministers. The population of the Nordic Region[EB/OL].(2023-05-17).https://www.norden.org/en/information/population-nordic-region.

济竞争力、公民自由、生活品质和人类发展等众多衡量国家绩效的指标上几乎都位于世界前列。共同的语言异质地传承是构成北欧身份的要素之一。丹麦语、挪威语、瑞典语、冰岛语和法罗语都源于古诺斯语，属于北日耳曼语支，因此，丹麦语、挪威语和瑞典语有非常大的相似性。

北欧地区的历史可以追溯到史前时代。在石器时代和青铜时代，就有原住民定居于此并形成了独特的文化。到了铁器时代，北欧地区的部落开始形成，并与周边地区开始进行贸易和文化交流。从 8 世纪开始，北欧地区的维京人开始了扩张和探险，通过建立广泛的贸易网络，在整个欧洲和大西洋地区建立了殖民地和定居点。维京人的活动对欧洲历史产生了深远影响，他们的传统和文化延续至今。

北欧地区的各个国家形成于中世纪，丹麦、瑞典和挪威发展成为强大的王国，并通过扩张和联姻拥有了广袤的领土。与此同时，芬兰、冰岛和格陵兰等地也开始了各自的政治和文化发展。16 ~ 17 世纪，宗教改革在北欧地区兴起，路德宗的发展在一定程度上塑造了北欧国家的文化和社会结构。18 ~ 19 世纪，北欧国家经历了一系列的政治和社会变革。瑞典在 17 世纪至 18 世纪上半叶发展成为一个强大的帝国，但在 19 世纪初失去了芬兰等领土。20 世纪，北欧地区的国家经历了现代化和工业化的进程。各国在社会政策、教育、福利和劳工权益等方面均取得了显著的进步。这些国家也在国际事务中充当着重要的角色，积极参与联合国、北约和其他国际组织并发挥作用。

北欧五国各自具有独特的经济和社会模式，尽管存在一些差异，但在很大程度上共享北欧地区的一些核心特征，即市场经济与强大的工会，以及与高税收资助的普遍主义福利国家相结合的经济和社会结构模式。北欧国家通过高税收和广泛的社会保障措施，提供普遍的福利服务，包括医疗保健、养老金、失业救济和教育。这种福利国家模式旨在实现收入再分配，减少社会不平等，并为人们提供基本需求和社会保障。工会在劳动力市场中发挥重要作用，确保劳工享受权益和福利，并与雇主进行集体谈判。北欧国家的公民享有广泛的教育和培训机会，以获得教育和职业发展，这有效促进了社会流动和个人自治。北欧国家在强调福利国家和社会保障的同时也坚持广泛的私有制、自由市场和自由贸易；鼓励创业和私营部门的发展，并采取措施鼓励市场竞争和自由贸易，以促进经济增长和繁荣。

二、北欧国家教育的发展

历史上有三个时期对北欧当代的福利国家教育政策产生了特别突出的影响，依次是维京时期、宗教改革时期和民众高等学校运动时期。[①]

在维京时期，北欧地区还没有形成正式的教育机构，教育主要由家庭和社区承担。在维京社会，家庭是最基本的教育单位。父母会向孩子传授知识、技能和价值观，包括航海、渔业、农业、战斗技巧和神话故事。孩子们需要在日常生活中观察和学习，通过亲身参与和模仿的方式习得知识和技能。此外，当时的维京人还流行一种特别的家庭教育形式——"寄养家教"，即将自己 7～14 岁的孩子送到亲戚朋友家寄养，让孩子常年在寄养家庭中接受照护和教育。维京人中的吟唱诗人讲述和传承维京人的历史和传统，通过诗歌和故事的形式将知识传递给后代。这些诗人在社区中扮演着重要的角色，他们的表演和创作被视为宝贵的文化财富。维京人在探险和贸易活动中也会与其他文化产生接触，从中吸收新的知识和观念。通过与其他文化的交流，维京人拓展了视野，对

---

① 泥安儒.北欧福利国家教育政策发展研究 [D].河北大学，2016.

外部世界有了更多了解。尽管维京时期的教育与现代教育有很大的差异，但它在维京社会中起到了至关重要的作用。教育帮助维京人传承和保持他们的文化、技能和价值观，为他们的生活和冒险提供了必要的知识和能力。

到了 16 世纪，宗教改革在北欧地区兴起，其中最著名的是马丁·路德的宗教改革。这场宗教改革对教育系统产生了深远影响。教育开始变得更加普及，教会和政府开始合作建立公立学校，为大众提供基础教育服务。宗教改革强调个体对宗教信仰和信仰实践的直接参与。这一理念对教育产生了重要影响，推动了教育的普及和发展。宗教改革者认为每个人都有权利阅读《圣经》和理解神的话语，因此教育成为推动个人信仰和灵性成长的重要手段。在宗教改革期间，北欧国家开始建立起新的教育体系，包括公立学校和教育机构。在宗教改革的推动下，教育成为国家的责任，而不再仅由教会掌握。政府开始积极干预和组织教育事务，确保教育的普及和质量。宗教改革还对课程内容产生了影响。传统的拉丁文教育开始受到重视和普及，使更多人能够阅读和理解《圣经》。新的教育体系注重培养个体的思辨能力和批判性思维，鼓励学生主动思考和独立思考。1539 年，丹麦颁布了《丹麦教会律令》（*The Danish Church Ordinance*），对教育系统产生了重大影响。根据该律令，教堂学校转变为拉丁学校，并规定每个城市都必须设立一所拉丁学校。这一转变意味着教育的重心从宗教教育向拉丁文教育转移。拉丁学校主要教授拉丁文和古典文学，目的是培养具备良好文化素养和批判思维能力的学生。这些学校成为培养精英阶层的重要机构，并为精英阶层进入教会、政府和法律领域提供职业基础。同样在 1539 年，挪威的教堂学校也将教育的目标从培养教士扩展到培养行政官员。这一转变反映了对教育的广泛需求，即行政和社会领域对受过良好教育人才的需求。通过将教堂学校转变为拉丁学校，丹麦和挪威在宗教改革时期迈出了重要一步。这一转变推动了拉丁文教育的普及，并培养了一批有才华、受过良好教育的学生，为北欧社会的文化和政治发展做出了贡献。1571年瑞典政府制定了最早的教育法规，被称为《1571年学校令》（Skolordning 1571）。这项法令明确了拉丁学校的设立和管理规定，并对其他相关事宜进行了规范。《1571年学校令》是瑞典和北欧教育历史上的重要里程碑，标志着瑞典教育体系的进一步规范和发展。此后，瑞典政府陆续颁布了一系列其他学校法规，包括《1611年学校令》（Skolordning 1611）《1620年学校令》（Skolordning 1620）和《1649年学校令》（Skolordning 1649）。这些学校令进一步完善了瑞典的教育制度，并确立了学校的组织结构、课程内容和教育标准。它们规定了学校的管理机构、教师资格和学生入学条件，同时也规范了学生的学习进程和学业评估。

此外，宗教改革还推动了教育机构的建立和发展，大学和学院成为培养神职人员和学者的重要场所。宗教改革的一项重要目标是为宗教领袖和教育者提供良好的培训，以确保他们对宗教信仰和教义的正确理解和传承。因此，大学和学院成为培养神职人员的中心。这些机构提供宗教研究、神学和教育学等学科的课程，以培养具备宗教知识和领导能力的人才。一些著名的大学借宗教改革之力也得以建立和发展。例如，丹麦的哥本哈根大学和瑞典的乌普萨拉大学均成立于宗教改革时期。这些大学不仅为神职人员提供了教育，也为其他学科领域的学生提供了广泛的教育和研究机会。宗教改革还催生了学院的兴起。学院是较小规模的教育机构，通常专注于特定学科或专业领域的培训。学院提供了更实用的教育，旨在培养各种医学、法律、哲学等专业领域的人才。同时，师范学校和教育学院开始培养专业的教师，确保教育的质量和教育者的专业化。宗教改革为北欧教育奠定了现代教育体系的基础，强调了个体的权利和教育的重要性。

19世纪是北欧地区经济、政治和社会生活发生重大变革的时代。在受到英法等西欧发达国家社会思潮影响的同时，北欧国家也酝酿并发生了显著的社会变革。在政治方面，瑞典、挪威和丹麦先后通过了民主宪法，成为君主立宪国家。这些宪法确立了君主的有限权力，同时赋予公民一定程度的政治参与权利，标志着政治体制的改革和民主化。经济上，自19世纪下半叶起，北欧国家开始了现代化进程。工业化和城市化的发展促进了经济的增长和社会结构的转变。工业化的推进使得教育的需求不断增加，人们需要更多的技术和专业知识来适应新的经济形势。在教育领域，变革主要体现在三个方面：

首先，国家进一步从教会手中接管教育控制权。政府开始制定教育政策，将学校的创办和管理权力掌握在手中。国家大力兴办国民学校（普通小学），确保初等教育的普及和普遍受教育的机会。各国相继颁布了义务教育法和相关法规，确立了初等教育的制度和普及。

其次，对拉丁学校进行了改革。拉丁学校（或称文法学校、古典文理科中学）曾是培养精英阶层的重要机构，但在19世纪，自由派教育家开始对拉丁学校进行批判。他们认为这些学校过于注重虚荣、忽视实用知识，教学方法保守僵化。因此，他们主张建立新型学校，注重学生自由发展和传授实用知识，面向全体国民，以适应时代的需要。

第三，发生了民众高等学校运动。这一运动旨在推动普通民众获得高等教育的机会，而不仅仅局限于精英阶层。人们开始呼吁建立普及的高等教育机构，以培养更多的专业人才和学者，为国家的发展和进步提供人才支持。

丹麦的民众高等学校运动源于19世纪中期，一些自由派教育家主张建立实用学校，以满足普通民众对高等教育的需求。民众高等学校是一种非营利的独立管理的成人教育组织。受到19世纪英法等西欧国家启蒙运动和民主化思潮的影响，由丹麦的格龙维（Nikolaj Frederik Severin Grundtvig，1783～1872）创立并引发的民众高等学校运动，以民众启蒙为口号，促进了北欧特有教育模式的形成。① 格龙维的教育思想强调个体的自由和民主，认为教育应该以个人的需求和兴趣为出发点，注重对民众普遍教育的重视。格龙维主张民众高等学校的目标是"民众启蒙"。他认为民众高等学校的教育应该唤醒民众的意识，通过精神上的启蒙来激发他们认识自己为人的本质和价值，从而实现个人的发展和国家的现代化。民众高等学校面向的是所有 18 岁以上的成年人，尤其是农村地区的成年人。学校的教学内容主要围绕丹麦语、民族史和唱歌展开。格龙维强调学校应该使用丹麦人日常生活中使用的"活的语言"进行教学，而非死记硬背的方式。通过讨论、讲演等互动的方式进行"生活启导"，让学生在实践中获得启蒙和启示。李伯格（Axel Adolph Lieberkind）同为丹麦教育改革的主要倡导者，批评传统的拉丁学校教育过于狭隘，主张建立实用学校来培养更多实用技能，以适应工商业的需求。他在丹麦教育界产生了广泛影响，为实用学校的发展奠定了基础。丹麦著名的自由派教育家弗贝格（Fridtjuv Berg）也是民众高校运动的重要推动者之一。他主张将教育与实际生活紧密结合，提倡实用技能的培养，同时批评拉丁学校的传统教学方法。科尔本（Christian Colbiørnsen）主张以实际生活为基础的教育，提倡培养实用技能和知识。格龙维将民众高等学校（Folkehøjskole）称为"生活学校"，他的理想是让这些学校完全为民众服务，教学内容和方法紧密贴合民众的生活和需求。

19 世纪 60 年代，丹麦的民众高等学校运动传播到挪威和瑞典，并在这两个国家得到了发展和推广。在挪威，由安克（Anker）和阿佛生（Arvesen）创立了本国第一所民众高等学校——沙格敦民众高等学校。从此之后到 1894 年，挪威共成立了 34 所民众高等学校。而在瑞典，

---

① 黄继仁，陈冠臻. 丹麦民众高等学校的发展与现况 [J]. 台湾教育研究期刊，2020，1(5): 209-216.

1868 年同时成立了 3 所民众高等学校，分别是赫维兰（Hvilan）、希莱斯台（Herrestad）和欧那斯台（Onnestad）民众高等学校，并在接下来的十年内成立了 20 所民众高等学校。[①] 虽然挪威、瑞典与丹麦的国情有所不同，但他们的民众高等学校都秉承相似的基本办学理念。这些学校的共同目标是唤醒民众、解放民众，以实现现代启蒙为宗旨的公民教育运动。不同国家的民众高等学校可能在教学内容和侧重方面有所不同，例如相较于丹麦，瑞典的民众高等学校更注重普通文化知识和科技知识的传授。挪威、瑞典和丹麦的民众高等学校运动是北欧地区共同的教育改革运动，这些民众高等学校的建立和发展都为当地社会的进步和发展做出了积极贡献，也为现代教育体系带来了新的启示。

民众高等学校运动对北欧教育产生了深远的影响。这场教育改革运动在丹麦、挪威和瑞典等北欧国家推动了普及教育、终身学习和社会进步的理念，并为现代教育体系带来了许多创新。民众高等学校运动实现了教学内容更民俗化，学校的课程设置更贴近民众的实际需求，包括农业、手工艺、文学、历史等实用课程，使学生能够在感兴趣的领域深入学习；教学对象普及化，民众高等学校运动的核心理念是为广大民众提供高等教育的机会，不局限于精英阶层，而是包容所有成年人，尤其是农村地区的居民。民众高等学校运动强调公民教育，注重培养学生的社会责任感和参与意识。通过学校教育，人们意识到自己对社会的影响和责任，积极参与社会事务，为社会的进步和发展贡献力量。这种普及教育的方式，使北欧国家得以提高整体文化素养和技能水平，使更多的人能够参与社会事务，推动社会的全面发展。至今，这些民众高等学校在北欧地区依然保持着重要的地位，继续为广大民众提供教育机会，为社会的繁荣和进步贡献力量。

---

① 泥安儒. 北欧福利国家教育政策发展研究 [D]. 河北大学，2016.

三、北欧国家的学前教育

北欧国家在地理环境和生活方式上有很多共同点。200多年来，北欧国家之间一直和平相处，并在各领域保持密切的合作。这在很大程度上与北欧国家的特定文化和政策有关。比如，北欧有关家庭、儿童和学前教育的社会改革、资金投入、立法、课程和指导方针的制定都体现了明确和既定的政治意图。

在对学前教育各维度的国际比较中，北欧国家总是名列前茅。这在联合国儿童基金会2008年的一份报告中可见一斑。报告以瑞典为例说明北欧是学前教育质量拥有较全面基准的地区，其中包括育儿假、弱势儿童计划、贫困儿童不到10%、有资金保障且规范的学前教育服务、国家课程、80%的教职员工具备教育背景、师幼比（1：15）、至少25%的3岁以下儿童和80%的4岁以下儿童的入园率，以及GDP的1%用于学前教育等。在另一项国际比较和评估项目中，芬兰、瑞典、挪威和丹麦名列最佳（冰岛未列入报告）。[1]如今，瑞典、冰岛、挪威和芬兰的学前教育事务均由本国教育部负责。在丹麦，学前教育的指导和管理权一直属于社会事务部，直到2010年才被转移到儿童和教育部。然而，由于2013年的政治冲突，又被归还给了社会事务部，在2016年被转移到重新设立的儿童和社会事务部。在北欧，无论家庭收入或父母工作背景如何，儿童都有权享受学前教育服务。如果孩子的父母有意愿让子女参加当地的学前教育项目，市政当局有义务为他们提供市政公立或私立幼儿园的学位，父母仅需承担很少的学费。

---

① Broström S, Einarsdottır J, Pramling Samuelsson I. The Nordic perspective on early childhood education and care[J]. International handbook of early childhood education, 2018(1): 867-888.

学前教育在北欧社会至少承载了三种职能。首先，这是所有北欧国家家庭政策的一部分。北欧五国都致力于促进社会平等、社会流动、性别平等，以及学前教育服务保障制度多种化、完善化。其中包括为儿童提供免费的医疗保健和牙科护理，为父母提供现金津贴、免费学前教育补贴、慷慨的育儿假制度以及居家陪伴幼儿的补贴。其次，北欧的学前教育也是增加劳动力供给的工具。有了充足的学前教育服务的保障，年轻的父母可以有更多的时间参与劳动。北欧国家的妇女的就业率在世界范围处于领先地位。再次，学前教育属于教育系统的起始阶段，为儿童及社会未来的发展提供了教育服务。这三重职能相互交织，重点突出哪一职能因国家、时期而异。

（一）北欧学前教育的基本发展脉络

北欧学前教育的产生可以追溯到 19 世纪末和 20 世纪初。在这个时期，北欧国家开始意识到提供早期教育对儿童的发展和社会进步至关重要。最初的学前教育形式较为简单，由宗教组织、慈善机构和私人组织提供，主要关注贫困儿童和弱势群体的照护和教育。20 世纪中期，受福禄贝尔（Friedrich Fröbel）思想的影响，北欧各国建立起第一批真正意义上的幼儿园。追随儿童的自然发展、强调游戏的价值等理念对北欧幼儿园的发展产生了深远影响。

"二战"结束后，北欧国家逐渐建立了福利制度，这种模式通常被称为"福利国家模式"或"北欧模式"。平等分享和公共参与是北欧模式的基本理念。为实现"公平"的价值目标，北欧各国制定了一系列促进人人平等、男女机会均等的政策。其中包括育儿津贴、育儿假等为家庭提供支持的政策，以及为所有儿童提供公平、优质学前教育服务的政策。尽管北欧各国在具体做法上因地而异，但各国的学前教育内容均强调对幼儿学习和发展至关重要的技能及学习品质，如积极参与、与其他儿童和教师进行反思、交流和互动。

北欧国家重视经济与性别平等，男女有同样的工作和照料儿童的权利。1951年，瑞典儿童保育委员会发布了《日托中心和学前教育》（*Day Nurseries and Preschools*）的报告，认为如果女性在担任家庭主妇角色之前选择就业，那么社会应该通过提供儿童保育服务来支持她们。在20世纪50年代和60年代的瑞典，儿童保育问题被定义为如何增加女性（包括母亲）的劳动参与，以便动员尽可能多的劳动力来维持和增加国家的经济增长。由此政策产生的问题包括如何让母亲获得资格并融入劳动力市场，以及如何提供足够的公共儿童保育设施等。关于国家、家庭和工作与照顾之间关系的新观念一度引起了社会层面的激烈讨论。著名的激进派社会民主党人、社会教育家阿尔瓦·迈尔达尔（Alva Myrdal，1902～1986）致力于男女权利平等，尤其是为已婚母亲创造新的机会，让她们能够在家庭之外从事工作并同时担当母亲角色。她和丈夫冈纳·迈尔达尔（Gunnar Myrdal，1898～1987）在有关瑞典人口威胁性下降的持续讨论中表达了新的观点，并不断发声。[①] 他们认为，对儿童保育机构的支持不一定会导致生育更多子女，但会让儿童的品质更好。20世纪70年代，对性别平等及女性需求的关注使得北欧国家的女性大规模进入生产领域和劳动力市场。平衡家庭和职业的需求推动了家庭政策的制定与改革，旨在为儿童提供安全和高质量的保育服务。因此，幼儿的照护、保育及教育成为劳动力市场和家庭政策的组成部分。在多重政策的激励下，大批公共日托机构建立，为儿童提供日间照料服务，极大程度支持了母亲进入劳动力市场，实现工作机会平等及家庭经济地位平等。

---

① Kjørholt, A., and Jens Qvortrup, eds. The modern child and the flexible labour market: Early childhood education and care[M]. Springer, 2011.

自此，学前教育也成为了劳动力市场和家庭政策的重要组成部分，为学前教育的制度化奠定了基础。

20世纪90年代以来，在新自由主义的背景下，北欧各国开始强化学前教育对经济发展的贡献。由于深受人力资本理论的影响，学前教育作为人力资本投入应"物有所值"的观念得到各国决策者的一致认同。因此，各国学前教育政策焦点更多地放在了儿童发展和培养他们成为未来公民的教育上。同时，政府也越来越重视对学前教育的管理和监督，旨在确保幼儿教育与保育的有效性和投资效益的最大化。几年来最突出的一个趋势是各国学前教育服务的标准化。一方面，这一定程度上保障了每个儿童在任何地方都有接受优质学前教育服务的权利，但另一方面，一系列评估系统的产生也在北欧广受批评。如一些学者认为这些所谓的"最好的实践"常常被毫无考虑地从一个情境转移到另一个情境，而忽略了他们是否适用。与此同时，个体的"自由选择"概念也在20世纪90年代对儿童保育改革产生了一定的影响，在瑞典和挪威，围绕公民个人的"自由选择"和"自我实现"的观念挑战了传统的团结、安全和公共福利的观念。[①] 然而，北欧国家在教育领域保持了较强的社会民主传统，许多学前教育政策仍保持公共性、普惠性和平等性的特点。新自由主义的影响总体来说是相对温和的，且在不同的国家和地区可能有所不同。政策制定者通常会权衡新自由主义的观点和社会民主的价值观，以确保学前教育的发展符合国家的整体教育目标和公众利益。

---

① Korsvold T. Dilemmas over childcare in Norway, Sweden and West Germany after 1945[M]// The modern child and the flexible labour market: Early childhood education and care. London: Palgrave Macmillan UK, 2012: 19-37.

（二）北欧各国学前教育的发展概况

1. 丹麦

在丹麦，学前教育的对象是 0 ～ 7 岁的儿童。其中，6 ～ 7 岁的儿童通常会进入附设于小学的学前班，主要帮助孩子在入学前一年做入学准备。2018 年 7 月，丹麦正式实施了修订后的《日托法案》（*Day Care Act*）。据此，市政府有责任确保 26 周至小学入学前的所有儿童获得学前教育和托儿服务。所有孩子都能平等地获得日间照料的机会。尽管学前教育在丹麦属于非义务教育，但丹麦的参与率在欧盟国家中位列前茅。根据 2017 年的数据，3 岁以下儿童的参与率为 72%，3 岁及以上儿童的参与率为 97.5%（丹麦统计局，2019 年）。根据 2018 年前丹麦社会事务和老年人服务部的分析，平均而言，丹麦幼儿在 9.7 ～ 10.7 月龄开始接受学前教育和托育服务，具体年龄因机构类型不同而异。[1]

丹麦设有多种类型的学前教育机构，以供 0 ～ 6 岁的孩子选择。家庭日托（儿童年龄范围为 6 个月 ～ 6 岁）、托儿所（儿童年龄范围为 26 周 ～ 3 岁）、幼儿园（儿童年龄范围为 3 ～ 5 或 6 岁）、综合年龄机构（儿童年龄范围为 26 周 ～ 5 或 6 岁）以及家庭托育服务（儿童年龄范围为 26 周 ～ 5 或 6 岁）是常见的学前教育机构。父母可以自由选择不同类型的学前教育和托育服务机构，没有任何限制。父母可以提出他们对特定机构的偏好，市政府在分配名额时会将父母的意愿考虑在内。招生时，政府也会根据兄弟姐妹关系、有特殊需求的儿童和学前教育机构所在地理位置等因素，制定优先录取原则。

---

[1] 资料来源：European Commission. Early child hood education and care[EB/OL].(2022-08-23)[2023-06-27]. https://eurydice.eacea.ec.europa.eu/national-education-systems/ denmark/early-childhood-education-and-care.

根据丹麦统计局 2021 年的数据，2019 年参加市政自治机构和家庭托儿服务的儿童数量如下：家庭托育机构 31002 人（占比 12%）；托育机构（0～2 岁）70817 人（占比 27.4%）；学前教育机构（3～5 岁）156643 人（占比 60.6%）。

丹麦公共的学前教育和托育服务主要由各市政府提供支持。市政府在确保质量和学前教育的覆盖率方面发挥着关键作用。市政府不仅监管托儿中心的建立和运营，还提供财政支持。他们提供的资助至少可以覆盖孩子在学前教育机构 75% 的费用。如果某市政府无法提供有保证的学前教育和托儿服务，那么就必须做以下选择之一：支付私人托儿服务费用，支付在其他市政府提供的学前教育机构的费用，或向父母提供补贴，以便他们自行照顾孩子。《日托法案》还规定，对于某些群体的儿童，学前教育是强制性的。这些群体主要指居住在被列入边缘化居住区名单的 1 岁及以上儿童。

学前教育和托育服务的机构会向父母收取一些费用。《日托法案》规定，所收费用不能超过总运营费用（包括午餐费用）的 25%，费用由父母每月以固定金额支付。其余 75% 的费用则由市政府承担。所有类型的学前教育、托育机构都需要遵守《日托法案》的相关规定。

学前教育机构中的师幼比没有全国统一的规定，而是由市政府负责制定当地的标准。但通常学前教育和托育机构会将儿童分为 11～12 人一组，并指派 3～4 位教师和保育员负责每个组。儿童的分组方式会因机构不同而有所差异。《日托法案》中对教师和保育员的最低资格未做要求，根据丹麦统计局 2021 年的数据，2018 年市政学前教育机构中拥有教育学士学位的工作人员占比为 58%。

除公共假期和特殊情况外，丹麦的学前教育机构一般在周一至周五全年开放。对于学前教育机构的开放时间也没有统一的规定，须灵活满足当地的入园需求。根据 2017 年的数据，3 岁以下儿童平均每周在托儿服务机构度过约 35 个小时，而 3 岁及以上儿童平均每周在托儿服务机构度过约 33 个小时。学前教育机构的开放时间多为 7：00 ～ 17：00，周五闭园时间常提前一小时。也有 24 小时开放的学前教育机构，专门为那些父母工作时间不固定的孩子提供服务。通常，学前教育和托儿服务机构的日常活动包括组织游戏、项目活动和自由游戏。

《强化教育学课程》（*Strengthened Pedagogical Curriculum, 2018*）是丹麦的国家课程指南，其中包含幼儿的全面发展，社会性发展，语言和交流，身体、感官和运动，自然、户外和科学，文化、美育和社区六大领域。学前教育机构可以根据游戏、集体活动、自发活动、儿童主导活动和日常常规，灵活选择教学方法，但需要考虑儿童的年龄、个性和观点等差异。儿童通过实践，培养注意力、记忆力、复述能力以及绘制他们所经历的事物的能力，此外还需学习社会关系、养成谦让等良好品质。教学中常加入运动和节律的元素，以支持儿童的身体发展。学前教育机构免费提供活动所需材料。

2. 芬兰

芬兰的学前教育采用了一种综合的教育和保育模式，即所谓的“保教结合”（Educare）模式。《学前教育法案》（*Act on Early Childhood Education and Care, 2018*）将学前教育机构定义为计划性和目标导向的教育、教养和保育机构，并强调教育的重要性。所有未到学龄的儿童均享有全日制学前教育和托育服务的权利。市政府有法定责任根据当地需求提供学前教育和托育服务。

芬兰的父母在产假结束后，通常在孩子大约 9 ～ 10 个月时，可以选择三种不同的育儿方式：市政学前教育机构；私立学前教育机构并享用私立服务育儿津贴；或者选择继续在家中休假，同时领取孩子的家庭护理津贴，直至最小的孩子年满 3 岁。大部分父母会选择市政学前教育机构，家庭支付部分学习费用。全日制学前机构的费用因机构规模和父母收入而异，0～295 欧元不等。私立学前教育机构的学费通常较高。

此外，芬兰的儿童在升入小学的前一年需要上学前班，学前班从他们满 6 岁当年的 8 月开始。从 2015 年开始，学前班是义务教育且免费。学前班由学前教育机构或小学组织，大部分幼儿都会选择继续在学前教育机构参加。但无论哪里的学前班，都以《学前班国家核心课程》（*National Core Curriculum for Pre-Primary Education*）为指导。学前班通常每天上 4 小时，因此大部分参加学前班的孩子还会参加学前教育机构的其他活动。

芬兰的学前教育，包括学前班在内均由教育和文化部负责。《学前教育国家核心课程》（National Core Curriculum for Early Childhood Education and Care）是芬兰学前教育的国家课程文件，对学前教育的内容和发展起着导向作用。各市政府则依据国家核心课程编制本地的课程文件。在芬兰的幼儿园里，活动常根据不同年龄（3 岁以下、3～6 岁、学前班）分组进行。也存在其他的组织模式，例如学前班组也可能包括 6 岁以下年龄更小的儿童；同一个家庭的孩子也可以被分配到"兄弟姐妹"组中，这个组的年龄分布更广。在幼儿园中的学前班活动通常以独立小组的形式开展，该小组可能还包括年龄较小的儿童。在学校的学前班可能是独立的小组形式，也可能是跟小学生融合在一起进行。每名教师负责的最大儿童数量受法律规定的约束，3 岁以下儿童的师幼比例是 1：4，而 3 岁或以上的师幼比是 1：7。如果儿童每天在园时间少于 5 小时，后者的比例可以达到 1：13。学前班对师幼比的要求与幼儿园一样。学前班的小组规模不应超过 13 名儿童，如组内有特需教师、保育员等协助，则小组规模最大可以达到 20 名。

芬兰的幼儿园由有资质的教师（qualified teachers）、社会教育工作者（social pedagogues）和保育员（child carers）负责幼儿的保教工作。目前，至少有三分之一的员工需要具备学前教育相关的学位。其余的三分之二要具备卫生保健和社会服务或教育指导相关专业的中等职业资格。提升学前教师的质量也是芬兰近年来的努力方向之一，从 2030 年起将有至少三分之二的员工需要具备高等教育学位，其中至少一半的员工必须具备教育教师资格。

各自治市有责任确保所提供的学前教育服务满足当地需求。多数幼儿园在 7 月份和公共假期闭园。然而，市政府必须确保即便在节假日也能提供充足的服务。幼儿所在的幼儿园如因节假日关闭，孩子们可以临时前往其他幼儿园。尽管各幼儿园的开放时间有细微差异，但大多与父母的工作时间相对应。原则上，幼儿在园时间不超过 10 小时。对父母工作时间不固定的家庭，自治市还提供夜间、24 小时和周末服务。尽管有国家课程指南作为整体指导方针，每周、每天的课程安排仍由地方和幼儿园自行决定。

学前班的时间为一学年至少 700 小时的课时。不论是在早期教育中心还是学校提供的学前教育服务，都需遵守同样的规定。幼儿园或学校自行决定学前班的时间表。通常根据校历进行安排。2014 年颁布的《学前班国家核心课程》对学前班的教学目标有统一规定，但没有固定的时间分配。学前班的教学是综合性的，不划分学科，通常每天提供 4 小时的学前教育时长。大多数学前班的孩子也同时参加其他早期教育与托育服务，以完成全天的安排。教育提供者负责安排每周和每日的具体活动，并且提前在年度和本地课程计划中有所呈现。

芬兰学前教育机构的教职员工在选择教学方法和教学材料时具有自由裁量权，只要符合国家核心课程中定义的原则即可。在学习领域的目标和内容以及国家核心课程中定义的教育活动框架的指导下，教职人员与儿童共同规划和实施多样化和综合性的教育活动。教师根据教学目标、儿童的年龄、需求、个体条件和兴趣选择恰当的教学方法，以促进儿童的创造力、互动性和参与性，鼓励儿童自我表达、提问、共同解决问题，并用所有感官和整个身体探索世界。

芬兰的学前教育以游戏作为发展、学习和幸福的载体，是儿童最主要的学习方式。学前教育机构必须为儿童提供不同种类的有监督和自由的游戏机会。儿童所处的学习环境应能促进其健康自尊心、学习能力和社交技能的发展。好的环境能够培养儿童的游戏能力，激发他们探索、实验和体验不同事物的热情，能够引导儿童进行身体活动，通过艺术表达自己并体验艺术之美。环境的设计旨在加强平等和性别平等，促进儿童的语言发展，并展示文化多样性。在环境创设中，处处体现儿童想法、游戏和努力的成果。

芬兰学前班的教师在选择教学方法和教材方面享有广泛的教学自主权，只要这些方法和材料符合《学前班国家核心课程》中定义的原则即可。根据《学前班国家核心课程》，学前班的教学方法和学习环境是多样化的，支持儿童的学习和发展。学前班的教学方法的选择要考虑每个孩子的发展水平，通过富有创意和有趣的小组和个别指导的形式展开。活动的设计要考虑儿童的年龄特点，通过想象和游戏来达到学习的目的，活动的设计应该有目标性和挑战性。学前班的学习环境应该引导儿童的好奇心、兴趣和学习动机，并为他们提供游戏、其他活动以及休息的条件。学习环境的创设还包括教师与每个孩子之间的互动，孩子之间的互动，以及不同的教学方法的开展和学习任务的完成。

芬兰的学前教育对儿童没有成绩的要求，重点关注儿童的整体发展和福祉。这点在学前教育评估中也有所体现，评估侧重于教育活动，而非儿童的学习成就。幼儿园的教师和保育员对儿童的学习和发展需进行系统和有意识的观察和记录，并且在做活动计划时就将观察结果考虑在内，并把这个持续的过程记入教学档案。通过教学档案，儿童的知识和技能掌握情况以及他们每人的兴趣和特长一目了然。教学档案中有为每个孩子制定的个性学习计划，个性学习计划需要教职人员和家长共同为儿童制定，同时也要参考儿童自己的意见，要综合考虑孩子的知识和技能、兴趣和优势，以及对教师支持和指导的需求。计划中所定义的目标是针对教育活动和支持措施的目标，而不是对孩子的要求。个性化学习计划需定期进行评估和修订。在学前班教育中，评估的目的在于更好地做好学前班教育的规划和发展，以及支持每个儿童的福祉、成长和学习。对于学前班的儿童来说，同样没有成绩标准。学前班的教师通过持续的观察和多样化的文档，记录跟踪每位儿童的学习与发展，并根据跟踪的信息和评估的结论，调整学习环境和教学内容、方法和支持措施。教师和其他参与教学指导的人员每天对儿童的优点和发展领域给予鼓励性的反馈，并把这些反馈定期发给家长。教师与孩子和家长合作制定每个孩子的个性学习计划。学前班的教育计划是对孩子成长和学习进展以及所需支持的计划，是基于课程的教育文件。在学前班教育中，教育机构没有义务为每个孩子制定个性计划，但在实践中大多数会这样做。在儿童结束学前班学习后可以拿到参加证书，证书上附有对学前班教育内容的描述。

3. 瑞典

瑞典的学前教育由两个主要阶段构成。学前教育中心（förskola）招收 1～5 岁的适龄儿童。在开始小学教育之前的最后一年，6 岁的儿童参加义务性的学前班（förskoleklass）。此外，还有一种名为教育看护（pedagogisk omsorg），由家庭提供看护服务。许多地方政府还在开放式的学前学校（öppen förskola）提供学前教育服务，父母可以根据需要随时带着孩子前往。所有上述服务均由瑞典教育与研究部负责。

这些阶段的学前教育服务，满足了不同年龄段儿童的需求。学前教育中心提供适合 1～5 岁儿童发展和学习需求的环境和活动。而 6 岁的儿童参加的学前班为他们提供了过渡到小学的准备，强调学习和社交技能的发展。教育看护则为那些想在家庭环境中接受教育的儿童提供了机会。

瑞典的学前教育体系旨在为儿童提供良好的成长和学习环境，促进他们的综合发展。这一体系注重儿童的个体差异和自主学习，倡导以儿童为中心的教育理念。教师和保育员在这些阶段中担负着重要的角色，需接受专门的培训和教育，为儿童提供专业的支持和指导。瑞典通过提供多样化的学前教育和照顾服务，致力于确保每个孩子都有机会获得高质量的早期教育，为他们的未来学习和发展奠定良好的基础。

根据瑞典《教育法案》（*Skollagen SFS 2010:800*），各市政府有责任向所有 1 岁以上的儿童提供公共资助的学前教育服务。所有儿童从他们 3 岁时的秋季学期起，享有至少 525 个小时（大约每周 15 个小时）的免费学前教育。瑞典国家教育局统计数据显示，2019 年，85.4％ 的 1 ～ 5 岁儿童参加了托儿所，50.5％ 的 1 岁儿童、90.6％ 的 2 岁儿童、94.0％ 的 3 岁儿童，以及 95.3％ 的 4 岁和 5 岁儿童都上幼儿园，男女比例均衡。从 2018 年秋季开始，6 岁以上的所有居住在瑞典的儿童都必须参加学前班。学前班通常与儿童将要就读的学校密切相关。市政府有责任提供学前班服务，并向所有 6 岁儿童免费提供至少 525 个小时（大约每周 15 个小时）的学前班学习机会。根据瑞典国家教育局的统计数据，2019 ～ 2020 学年中，大约 98％ 的 6 岁儿童参加了学前班。[①] 超过 10％ 的学生参加接受资助的独立组织的学前班。学生就读独立机构的比例在不同城市之间有差异，在大城市中比例最高。

瑞典的幼儿园招收 1 ～ 5 岁的儿童。本着"近距离原则"（närhetsprincipen），市政府负责尽可能为孩子提供离家最近的幼儿园名额。同时，也会合理考虑监护人的意愿和特殊情况，比如孩子离另一个市政府的幼儿园更近，特别是如果该幼儿园能更好地满足孩子的特殊需

---

① European Commission .Early childhood education and care[EB/OL].（2022-08-23）[2023-06-27].https://eurydice.eacea.ec.europa.eu/national-education-systems/sweden/early-childhood-education-and-care.

求，如提供孩子的母语教育（瑞典官方少数民族语言）、满足孩子在本市政府所在地的幼儿园无法满足的特殊教育需求等，在有以上需求时，孩子可以就近上幼儿园，而不用考虑居住地市政府的位置。在这些情况下，居住地的市政府会对孩子幼儿园所在的市政府进行补偿。

瑞典的幼儿园对每组的最大儿童数量没有硬性规定。瑞典国家教育局建议幼儿园的组规模为 1 ~ 3 岁儿童 6 ~ 12 人，4 ~ 5 岁儿童 9 ~ 15 人。而从实际情况来看，2019 年 1 ~ 3 岁儿童组的平均规模为 12.2 人（瑞典国家教育局统计数据库数据）。2019 年 4 ~ 5 岁儿童组的平均规模为 15.5 人。每位全职教师负责的儿童数量也没有硬性规定。2019 年每位教师负责的平均儿童数量为 5.2 人。对幼儿园教师及保育员的最低资格水平没有规定，但应具备促进儿童学习和发展的教育背景或经验。每个幼儿园至少应有一名具备学前教育学士学位的幼儿园教师。2019 年，具有学前教育学位的幼儿园教师比例为 39.5%（瑞典国家教育局统计数据库数据）。另外 1.6% 的教师具有学校教育相关学位。另一个重要的群体（18%）是具有中等职业教育水平的保育员。

瑞典的幼儿园根据需要全年开放。开放时间、年度安排和每日组织安排由市政当局和幼儿园决定。大多数自治市规定幼儿园在除节假日外的工作日开放，开放时间多为 6：30 ~ 18：30。市政当局会在与家长和幼儿园协商的基础上，对当地的儿童及其家庭，包括父母的就业情况和家庭的整体状况进行评估，以便于在合适时间安排学前教育服务。市政府不提供严格的时间表，也不对幼儿园各类活动的时间分配做具体规定，而是由每个幼儿园自行决定。

幼儿自满 6 岁的当年秋季进入学前班，开始为期一年的学习。学前班的学年结构与义务教育其他阶段一致。学前班也没有统一的时间表，每所学校或机构自行确定每日的学习内容和时间分配。但必须在总的时间规定框架内，即每学年不超过 190 天或每天不超 6 个小时。学校或机构需根据学生的年龄和需求安排教育活动，以保证学生有足够的休息和游戏的时间。在规划活动时，要始终以儿童的最佳利益为出发点。具体的目标和核心内容在文件《义务教育课程大纲：学校、学前班和课后中心》（*Curriculum for the compulsory school, preschool class and the leisure-time centre*）中有明确规定。课后中心在学前班关闭的时间开放，为父母在工作或学习的已注册儿童或有需要的儿童提供服务。课后中心的活动安排和时间分配没有统一规定，由各个中心自行决定。

在瑞典的幼儿园中担任教师，必须具备学前教育学士学位或小学教育硕士学位，并熟悉学前教育和义务教育1～3年级教学。瑞典幼儿园的教职员工根据国家课程指南，采取灵活的教学方法促进每个儿童的学习与发展，进而实现课程目标。学龄前儿童主要通过他们自己在自然而有意义的环境中活动来学习。通过采用基于主题的方法，幼儿探索、调查和实验，在音乐、戏剧、艺术和手工制作、游戏、交谈、唱歌等活动中，实践和吸收他们学到的经验，逐步获得新的见解和知识积累。幼儿还可以通过阅读书籍和听故事来了解更多关于某个领域的知识。《学前课程》明确指出，教育应使幼儿通过不同的审美表达形式（如图像、形式、戏剧、动作、歌曲、音乐和舞蹈）来体验、发展和交流。幼儿应该能够使用不同的材料和技术，进行设计、塑造和创造。日常教学应涵盖整个幼儿群体，同时以组织或自发形成的较小群体的形式进行各种活动。学前教育机构与家庭之间紧密合作，支持儿童的发展和学习。

一些幼儿园借鉴和采用了其他课程模式，如蒙台梭利、华德福等，部分幼儿园的课程具有体育、科学、艺术与手工、计算机、自然和生态等领域的特色。还有所谓的"雨天晴天幼儿园"（Ur och skur förskola），即无论天气状况如何，包括艺术活动和教育活动以及用餐等，大部分时间都在户外或幼儿园周边的自然环境中进行。此外，瑞典的幼儿园非常重视幼儿的自尊心和身份认同的建立，普遍认为这两点是通过与其他儿童和成年人的互动发展起来的。因此，幼儿园需要做的是创造条件，使每名孩子都能够与其他孩子和成人建立关系。瑞典的幼儿园还将非瑞典母语儿童的瑞典语和母语的学习作为学前教育的目标之一。学习材料、膳食和保险费用都包含在每月的学前教育费中。

4. 挪威

在今天的挪威社会，学前教育的重要性被政府、政治家、研究人员等视为福利社会不可分割的组成部分。在幼儿园（挪威语称为"barnehage"）接受学前教育已经发展为所有儿童的普遍权利。

挪威的幼儿园起源于19世纪初，起初是为贫困儿童建立的收容所（挪威语"barneasyl"）。这些早期机构主要由私营部门资助的慈善机构开设，认为对这些儿童的投资可为未来社会带来利益。19世纪40年代后期，受外部因素的影响（如，法国于1844年成立了第一个托儿所），为3岁以下贫困未婚母亲的子女提供育儿服务的托儿所逐渐发展起来。1837年德国教育家福禄贝尔在德国创办了第一所幼儿园，并提出"幼儿园的任务应当是帮助那些没有能力照顾幼儿的家庭解决照顾幼儿的困难，幼儿在幼儿园里通过游戏活动，使他们的体质、感官、心智等都得到发展，为进入小学和未来发展做好准备"。这一思想基础在今天的挪威幼儿园仍存在广泛的影响，强调以儿童为中心，重视童年的价值，游戏和体验是儿童发展的重要因素。

20世纪下半叶，挪威学前教育随着国家的发展和进步而加快了步伐。各地幼儿园的数量迅速增长，迫切需要出台统一的法律法规进行规范。1975年《幼儿园法案》（*Kindergarten Act*）的诞生，标志着挪威学前教育步入了新阶段。此后，随着国家对学前教育的重视和投资力度不断增加，公众的期望也不断提升，多次对《幼儿园法案》进行修订。其中包括以国家课程的形式对幼儿园的任务和内容进行监督，以及使儿童6岁起开始义务教育等。在挪威的法律文件中，特别强调保障每个孩子能上幼儿园是法律赋予权利。《幼儿园法案》的目的是确保所有儿童都有良好的开端、追求社会地位平等，以及对少数民族（如萨米儿童）的特别关注。现行的《幼儿园法案》（2020）对幼儿园和幼儿园主管部门的角色和任务予以更明确的规定。《幼儿园法案》的目的条款阐明了幼儿园的社会使命和价值观基础："孩子们需要游戏和关怀，促进学习和形成性发展，并以此作为全面发展的基础……要培养他们的创造力、好奇心和对探索的兴趣。他们应该学会照顾自己、照顾彼此和大自然……幼儿园应促进民主和平等，反对一切形式的歧视。"

挪威学前教育的主要目标是满足儿童的保育和游戏需求，并促进学习和形成性发展，进而实现全面发展。在挪威，学前教育属于非义务教育，但儿童从1岁起有权获得公共资助的幼儿园学位。市政当局负责为父母或监护人分配学位，并确保提供足够的幼儿园学位以满足需求。挪威教育和研究部对学前教育负有总体责任，教育和培训局负责幼儿园及教师的发展。

在挪威，大多数家庭的儿童会选择幼儿园（基于中心的学前教育服务），为了满足各个家庭的不同需求，还有家庭幼儿园的形式，即在家庭环境中提供的学前教育服务。挪威学前教育的课程指导性文件《幼儿园框架计划》（*Framework Plan for Kindergartens*）为基础、公共和私营提供的学前教育服务明确设置了学习内容和任务。根据挪威教育和培训局的数据，选择公立园和私立园的儿童比例大致相同，约各占一半。在同一自治市内，私立幼儿园获得与公立幼儿园相同的资金支持。幼儿园的所有者负责确保其按照法律和规定进行管理。市政当局负责对私立和公立幼儿园进行检查。

《幼儿园法案》规定，从1岁开始，每个儿童都有权获得幼儿园学位。在8月底之前满1岁的幼儿，有权在当年8月底之前入园。在9、10月或11月满1岁的儿童，在申请后有权在他们满1岁的当月底之前入园。

市政当局必须确保提供足够的幼儿园学位以满足需求。挪威的学前教育尽管不属于义务教育，但纳入每年的国家预算，且国家对收费有严格的制度监管。自 2023 年 1 月起，每个孩子每月的费用限制为 3000 挪威克朗（约合 2000 人民币）。自 2015 年以来，学前教育费用限制为家庭收入的 6%。① 在有多个孩子的情况下，父母或监护人还享有兄弟姐妹折扣。这些规定适用于公立和私立幼儿园，从 2 岁开始，低收入家庭的儿童合法享有每周 20 小时的免费学前教育服务。

挪威的幼儿园通常根据年龄分为 0 ~ 2 岁和 3 ~ 5 岁的年龄组，或者是 0 ~ 5 岁的混龄组。幼儿园的组织责任由幼儿园的所有者承担。2018 年 8 月，新修订的挪威《幼儿园法案》规定了挪威幼儿园中儿童与教职员工的比例。对于 3 岁以下的儿童，每 3 名儿童必须有至少 1 名工作人员。对于 3 岁及以上的儿童，每 6 名儿童必须有至少 1 名工作人员。同时要求每 7 名 3 岁以下的儿童必须有至少 1 名教学领导或合格的幼儿园教师，每 14 名 3 岁及以上的儿童必须有至少 1 名教学领导或合格的幼儿园教师。教学领导或合格的幼儿园教师必须至少拥有学士学位（国际教育标准分类第 6 级）。

通常挪威幼儿园的年度日程安排从 8 月开始，与小学年度安排同步。然而，幼儿园的开放天数由幼儿园的所有者决定，包括是否在假期期间关闭幼儿园，例如圣诞节、复活节和暑假等。挪威没有关于每周和每日时间安排的统一规定，大多数普通幼儿园每周至少开放 41 个小时（周一至周五），甚至更长时间，孩子们可以选择半日或全日制。全日制的时间为每周 41 个小时或更多，父母或监护人可以自行决定实际在园的时间。通常，幼儿园在早上 7：00 或 8：00 开放，17：00 或 18：00 关闭。

挪威学前教育的指导性文件主要有《幼儿园法案》和《幼儿园框架

---

① European Commission. Early childhood education and care[EB/OL].(2022-08-23)[2023-06-27]. https://eurydice.eacea.ec.europa.eu/national-education-systems/norway/early-childhood-education-and-care

计划》。《幼儿园框架计划》规定了所有幼儿园（包括公立和私立）的基本原则、目标、学习内容和活动，还涵盖了幼儿园的政治和社会功能，以及早期儿童阶段作为内在价值的重要性。每个幼儿园都必须根据《幼儿园框架计划》制定年度活动计划，且计划必须说明幼儿园在保育、游戏、形成性评价和学习方面的方法。计划必须经过幼儿园的协调委员会批准。协调委员会确保活动计划与《幼儿园框架计划》中规定的目标和指导方针相一致。

《幼儿园框架计划》规定挪威的幼儿园必须以全面的视角看待保育、教养、学习以及社交和语言技能。幼儿园需成为文化舞台，让儿童们参与创造他们自己的文化。《幼儿园框架计划》规定了七个基本主题或学习领域：沟通、语言和文本，身体、运动和健康，艺术、文化和创造力，自然、环境和技术，道德、宗教和哲学，当地社区和社会，数字、空间和形状。在每个学习领域内，都有国家层面上设定的发展目标。每日的活动计划包括自由游戏时间、户外活动、小组活动、监督活动、用餐、阅读和展示时间。这些活动的时间安排根据当地需求和儿童的出勤时间而有所不同。挪威幼儿园很重视与当地学校和社区的合作，例如使用游泳池和体育馆，利用剧院、电影院、博物馆、公园和其他当地设施，使孩子们熟悉当地环境。《幼儿园框架计划》中明确儿童应以游戏和社会交往活动为主要的学习和发展途径。教师在《幼儿园框架计划》内可以自由选择教学方法。

5. 冰岛

在冰岛，所有儿童都有享受学前教育的权利。冰岛的学前教育也强调保教结合。2008 年的《学前教育法案》（*Preschool Act*）将学前教育定义为计划性和目标导向的教育，是教养和照护的一部分，强调通过游戏进行教育和学习。《学前教育法案》规定在 6 岁之前，儿童可以在学前教育中心接受学前教育服务，学前教育中心归冰岛教育、科学和文化部负责。尽管学前教育是非义务教育，但在冰岛被定义为教育的第一阶段，在国际教育分类标准中被归类为第 0 级。冰岛大部分的学前教育服务由市政府的学前教育中心提供，尽管法律上没有明确规定儿童在特定年龄段享有学前教育服务的权利，但各市政府通常在儿童 18 ～ 36 个月时为其提供接受学前教育的场所。

所有学前教育机构都按照 2008 年的《学前教育法案》进行运营，并遵循由冰岛教育、科学和文化部发布的《学前教育国家课程指南》（*National Curriculum Guide for Preschools*）。此外，还有一套由政府监管和资助的家庭式照护服务，专门针对年龄最小的儿童（0 ～ 2 岁），这些服务由冰岛福利部负责。根据冰岛《学前教育法案》和《学前教育国家课程指南》的描述，冰岛学前教育的核心目标主要包括：与父母和监护人密切合作，监测和促进儿童的全面发展；提供系统的语言刺激，促进儿童在冰岛语言方面的综合技能发展；根据每名儿童的需求，为他们提供心理、智力和身体上的照料，使他们能够享受童年；鼓励儿童的开放思维，引导他们的道德价值观；为儿童独立、自治、积极和负责任地参与一个快速和持续发展的民主社会打下所需的基础；培养儿童的表达能力和创造能力，旨在增强他们的自尊心、健康意识、自信心和沟通技巧。

尽管对具体的入园年龄和在园时长没有明确规定，但《学前教育法案》中明确所有未到学龄的儿童都有权在市政学前教育机构中获得一个学位，机构可以是市政学前教育中心，也可以是住址附近的家庭日托所。冰岛的儿童入园率在欧洲位于前列，根据 2019 年的统计数据，76% 的 1 岁儿童选择学前教育机构，几乎是 OECD（Organization for Economic Co-operation and Development，经济合作与发展组织）平均水平 40% 的两倍；2 ～ 3 岁儿童的入园率更是高达 95%。

冰岛的《学前教育国家课程指南》强调了游戏的价值以及民主和平等在所有学前教育活动中的重要性，为幼儿园的活动制定了指导性方针和学习领域。以下是《学前教育国家课程指南》中列出的基于《学前教育法案》的六个基本支柱，各学前教育机构均以这六个支柱为指导。①识字能力：关注语言和文字的能力发展，培养儿童的阅读和书写能力；②可持续性：注重可持续发展的教育和实践，培养儿童对环境保护和可持续生活的意识；③健康与福祉：强调对儿童的身体健康、营养和福祉的关注，培养健康的生活习惯和自我保健意识；④民主和人权：培养儿童对民主价值观和人权的理解和尊重，通过参与决策和相互尊重的活动促进民主意识的培养；⑤平等：提倡平等和包容，不论性别、种族、身体能力等差异，给予所有儿童平等的机会和对待；⑥创造力：鼓励注重培养儿童的创造力和想象力，提供丰富多样的艺术和创造性活动。这些基本支柱构成了《学前教育国家课程指南》的核心要素，旨在为幼儿园的教育活动提供指导，并促进儿童全面发展。

《学前教育法案》和《学前教育国家课程指南》对教学方法并未予以具体规定。每个学前教育机构都可以根据需要选择和发展适合其目标的方法。部分冰岛幼儿园也采用瑞吉欧、蒙台梭利和华德福的课程模式，并根据自身不同的环境条件进行调整，在不同的场地进行特定类型的活动，如艺术创作、分类和排序游戏、角色扮演、动作游戏、音乐和水上活动等。在冰岛的幼儿园，儿童通过游戏的方式在具体环境下完成各种任务进而达成学习的目的。幼儿园普遍认为儿童的直接经验至关重要，因此合格幼儿园教师的角色是为儿童创造恰当有挑战性的学习条件。每个学前教育机构有义务根据《学前教育国家课程指南》制定自己的课程指南。机构的课程指南需描述该机构实现《学前教育国家课程指南》规定的教育和保育目标的途径，例如如何实现幼儿的社交、情感、认知和身体发展等。通过制定自己的课程指南，幼儿园有机会根据每个儿童独特的需求和特点量身定制他们的教育计划，为儿童在早期阶段创造支持性和丰富的学习环境。

第二章

生态系统视角下北欧学前教育的质量保障

一、如何理解学前教育质量

"质量"一词在教育政策中被广泛引用，通常与安全、评估与评价、问责及管理相关联，但也被用于为儿童的终身学习创设更好条件的理念与手段，通过质量保障体系确保教育成果的优质，并通过评估来检查、监督和改善教育质量，学者将这种对教育质量的关注称为"质量转向"。[①]各国学者也希望以此引起人们的注意，并对教育质量的话语权、教育质量的政策，尤其是对教育质量的测评方式及产生的影响进行谨慎的审视。

自 20 世纪 70 年代以来，学前教育的质量应该包含什么样的构成要素一直是该领域的热点话题。不同学者对"质量"提出了各自的理解。达利（Dalli, 2011）等人确定了两种立场，一种是哲学思辨的方法，主要通过基于价值观、关系和动态构成，以及与学前教育相关条件和特定

---

① Segerholm C. The quality turn: Political and methodological challenges in contemporary educational evaluation and assessment[J]. Education Inquiry, 2012, 3(2): 115-122.

价值观的讨论理解质量；第二种则是通过测量有效性或影响因素的方式衡量质量。[1] "克朗贝格圆桌会议"被认为是一种面向应用和实践的方法，通过基于对话的方式寻求质量发展。克朗贝格圆桌会议制定了质量的维度和指标，以对话为基础进行反思和探讨，其目标是通过研究的过程改善教育实践。此外，还有一些研究将概念理论化，这些研究关注的是在学前教育环境中构建质量。例如，迈克尔－塞巴斯蒂安·霍尼格等人（Michael-Sebastian Honig, et al. 2004）在其"什么构成良好的幼儿园？"[2] 的民族学研究中探讨了早期儿童教育的专业人士对"好"或"更好"的理解如何影响实践，并因此构建了日常教育环境中的教育事件。从这个角度来看，质量是一个关于在学前教育环境中成年人日常互动评估结果的关系性构建。将注意力引向（教育）实践及其构建机制的方法敏锐地认识到了注意力对于改变质量管理的重要性。同时，这种方法的重点在于促进质量的理论化和概念化的发展。

此外，还有学者对质量的概念提出了质疑，认为这一概念是由以经济为中心的话语主导的实证主义、现代主义范式所产生的，简化了质量的复杂性，将学前教育变成了"技术化实践"。[3] 这种理解认为质量的概念确实具有现代主义对世界的理解，是一种"距离技术"，用于排除个人判断并跨越群体和社区的边界。质量不应该被概念化以适应复杂性、价值观、多样性、主观性、多重视角等世界的特征。持此种观点的

---

① Dalli C, White E J, Rockel J, et al. Quality early childhood education for under-two-year-olds: What should it look like? A literature review[J]. Report to the Ministry of Education. Ministry of Education: New Zealand, 2011.

② Klinkhammer N. Monitoring quality in early childhood education and Care: Approaches and experiences from selected countries[J]. 2017.

③ Dahlberg G, Moss P, Pence A. Beyond quality in early childhood education and care: Languages of evaluation[M]. Routledge, 2013.

学者认为质量被呈现为一个普遍、固定和客观可定义的"标准"，在实践中可以识别，但它并没有考虑到质量的构成要素，如多样性、价值观、情景要素等。基于这种理解，他们反对通过 ECERS（Early Childhood Environment Rating Scale，幼儿学习环境评量表）等标准化的程序和工具对学前教育质量进行评估。相反，他们倾向于采用"评估语言"，以更好地呈现多样性、反思、对话等。

还有学者从教学的视角理解质量，认为其作为一种主体间的现象，有些对儿童的学习和幸福至关重要的价值观和条件，能够弥合文化和环境的差异，并起到统一协调的作用。因此，从主体间性的视角看，可从幼儿园中的经历、价值观、结构因素、教育过程和情境达成共识。[1] 教育质量的核心在于幼儿园教师和儿童之间的互动，并不在于质量本身。如意大利瑞吉欧社区开发的"教育文献"实践给教育工作者提供了很大程度的参考。教育文献通过不同形式的记录（例如，笔记、照片、视频和音频录音以及儿童创作的艺术作品等）来呈现儿童的学习过程和教师的教育实践，这些记录可以用来分享、讨论、反思、解释以及必要时用于评估。瑞吉欧幼儿园的所有人都参与其中，包括儿童、教师、教学助理、行政人员、其他个人等。

目前各国主要从结构质量、过程质量和结果质量三个维度衡量幼儿园的质量，用于评估学前教育的有效性和影响力。①结构质量是指学前教育机构为儿童提供的基本条件和框架因素。这包括师幼比例、班组人数、幼儿园的环境、设施设备等外部条件。通常管理质量也属于结构质量范畴，包括教育机构的管理水平和组织能力。教师的专业技能和发展也被视为结构质量的一部分。安全、健康、愉悦的学前教育环境能更好

---

① Sheridan S. Discerning pedagogical quality in preschool[J]. Scandinavian journal of educational research, 2009, 53(3): 245-261.

地满足儿童的生活和学习需求；适宜的师幼比是确保每个教师更好地关注和照看每个孩子、开展个性化教育活动的重要因素；具备专业知识和教育技能的教师队伍能有效引导和促进儿童的全面发展；科学的管理和运营体系可确保教育目标的达成和教学质量的提高；健康的饮食和生活方式是儿童身体保持健康和营养需求获得满足的保障。②过程质量关注教学活动和过程，特别是师幼互动和幼儿间的互动。过程质量还包括组织教学工作、家园合作、特殊需求儿童的支持和本国语言学习支持等。优质的过程质量能够促进幼儿的学习与发展，培养良好的基础价值观，建立积极的社会交往能力。教师和幼儿之间的有效互动对于学前教育的成功至关重要。教师应该关注每个孩子的个体需求和兴趣，积极参与和引导他们的学习和探索；良好的家园合作能以更积极的方式促进儿童的学习与发展；幼儿通过与其他孩子一起游戏和学习，培养社交技能和合作精神；幼儿园提供丰富多样的教学活动，可满足不同儿童的学习和发展需求。对于有特殊需求的儿童，幼儿园应能够予以个性化的支持和服务，以确保他们能充分参与到教学活动中；对非本国语言背景的幼儿，幼儿园应提供语言帮助与支持，使他们适应学前教育环境并融入其中。③结果质量主要衡量学前教育活动和个人发展成果，包括对学前教育机构、活动和个人的评估，例如，通过评估儿童的语言能力了解教师行为对幼儿语言学习和发展的影响；通过评估教育活动帮助教师和机构了解教学活动的有效性和适宜性。结果质量的评估有助于确定教学活动的有效性和改进方向。

相比之下，低质量的学前教育往往表现出互动、沟通和参与不足。学习环境在空间、物质资源和儿童可及性方面也存在局限性，给儿童提供的学习内容和学习机会有限。幼儿园教师和儿童之间缺乏互相了解，教师往往更注重维持秩序和控制。儿童缺乏参与决策和规划的机会，缺少自主性，主动性无法得到充分发挥。低质量的学前教育不利于儿童的全面发展，可能导致儿童缺乏自信心、学习动力和积极参与学习的态度，也限制了他们的认知、社交和情感发展。他们可能因此错过了发展所需的重要学习机会。

因此，提供高质量的学前教育至关重要。需要幼儿园和教师意识到互动、沟通和参与的重要性，并为儿童提供充分的学习机会和资源。教师需要关注儿童的需求和兴趣，与他们建立亲密的关系，为他们提供支持和指导。同时，政府和社会也需要提供必要的支持和投资，确保学前教育的质量和可及性，以促进儿童的全面发展。

与此同时，我们也应认识到高质量的学前教育并非普适的概念，对不同的人具有不同的意义。高质量的学前教育是一个多方面而又主观的概念，其评价标准可能因文化、社会和个人视角而异。不同的利益相关者，如家长、教育工作者、政策制定者和研究人员，对学前教育的质量可能有不同的标准和优先事项。因此，具有文化适应性和情境相关性的方法是确保学前教育满足多样化社区需求和期望的关键。

二、生态系统理论视角下的北欧学前教育质量

在世界范围内，学前教育已成为很多国家优先发展的政策。多项研究表明，早期儿童教育与保育可以为社会、经济、家庭及个人的发展带来巨大的收益。学前教育的质量与终身学习、结果公平、减少贫困以及提高代际社会流动性直接相关。[①] 北欧五国在历史、文化等方面有很大的相似性，各国的教育政策、实践和意识形态都建立在"北欧模式"（Nordic

---

① OECD. Quality Matters in Early Childhood Education and Care: Sweden [EB/OL].(2013-02-05)[2022-11-17]. https://www.oecd.org/education/school/SWEDEN%20policy%20profile%20-%20published%2005-02-2013.pdf.

model）的理念上。这种普遍的、基于权利的、民主负责的、高税收和高公共投资的北欧模式通常与盎格鲁－撒克逊模式（Anglo-saxon approach）形成鲜明对比，后者的特点是低税收、低公共支出的福利制度，有针对性的干预措施，加上集中规范地治理、管理主义和技术问责制。[①] 尽管每个北欧国家在发展学前教育的过程中都面临着各自的具体挑战，但也有亟需解决的共性问题和值得共享的实践经验。

21 世纪以来北欧各国对学前教育投资的导向发生了变化，逐渐把对学前教育的投资作为一种社会投资。除教育功能外，各国政策更加关注这项投资在提高就业率的经济回报，促进性别平等的社会回报以及进行公民教育、保持民主社会价值观的民主回报。[②] 投资的焦点更多地放在了儿童发展以及他们作为未来公民的教育。OECD《强势开端》（Starting Strong）系列报告的发布，将各成员国学前教育发展的重点聚焦在学前教育质量，包括从关注学前教育质量提升的政策杠杆到学前教育质量监控体系的构建，再到学前教育质量的延展，即幼小衔接。[③] OECD 曾对 20 个国家的早期儿童教育与保育模式进行了考察，概括出两种不同的学前教育模式：入学准备取向（early education approach/readiness for school）和社会教学法取向（social pedagogy approach）。前者以大多数欧洲国家为代表，在课程和方法上更注重儿童认知领域的发展，为升入小学做准备；北欧诸国则属于后者，更注重游戏、户外活动和各要素内在关系的

---

① Nordic Council of Ministers. Nordic Approaches to Evaluation and Assessment in Early Childhood Education and Care[EB/OL].(2022-02-21)[2022-11-12]. https://pub.norden.org/temanord2022-512.

② Bennet J. Pedagogy in early childhood services with special reference to Nordic approaches[J]. Psychological Science and Education, 2010, 15(3): 16-21.

③ 许浙川，柳海民 . OECD 国家推行有效衔接的目的与举措——基于对《强势开端：幼小衔接报告》的考察 [J]. 比较教育研究，2019（01）：85-91.

价值，重视儿童在参与和社会互动中学习，强调儿童的全面发展。社会教学法取向与入学准备取向从某种程度上产生了冲突，需要调整评估的内容与方式。公共政策和国家投资都强调了"高质量"学前教育与保育的重要性，从而引发了对如何理解、发展、保障、评估与评价学前教育质量的进一步探索。

学前教育质量的差异可以描述为各种因素之间的适应性与匹配程度的差异，例如教育意图、物质资源的利用、内容、活动、教师的学习策略、与儿童的沟通和互动、儿童的学习和参与体验、文件记录和评估。[①]在高质量的幼儿园中，这些方面相互交织、积极构建、相互影响，而在低质量的幼儿园中，这些要素之间会出现割裂、关联性缺失的情况。学前教育质量的差异说明儿童在学习方面面临不平等的环境和条件，于是引出了一个关键问题：如何通过系统的质量发展工作辨识、评估和提升学前教育的质量？

本书尝试用布朗芬布伦纳（Urie Bronfenbrenner）的生态系统理论为框架，以更加包容的方式理解学前教育，从宏观系统（Macrosystem）、外部系统（Exosystem）、中观系统（Mesosystem）和微观系统（Microsystem）多个系统层面探讨北欧学前教育的质量问题，关注不同环境系统对儿童发展的影响，以及北欧各国如何为实现儿童福祉、学习和发展创造条件，在讨论的过程中也会穿插纵向时间系统的影响因素分析。

"过程－个人－情境－时间"模式（process-person-context-time，PPCT）。这个模式就是布朗芬布伦纳的生态系统模式，即人的发展离不开过程、个人、情境、时间这四个元素。这四个元素既有纵向关系，也有横向联系，每个因素之间都相互依存，而不能独立运作。

---

① 许浙川，柳海民 . OECD 国家推行有效衔接的目的与举措——基于对《强势开端：幼小衔接报告》的考察 [J]. 比较教育研究，2019（01）：85—91.

"过程"在生态系统理论中指的是"近端过程",是发展中的个体参与的日常活动和互动,这些日常活动和互动非常重要,被称为"发展的引擎"。[①]"近端过程"同时受到个人特征、情境和时间的影响。"发展的结果"或者是能力的提升,或者是做到比预期要好。

　　个人主要是指个体特征,包括需求特征、资源特征、力量特征。①需求特征与首因效应的关系很大,所以布朗芬布伦纳曾用"个人刺激"代替需求,类似于"第一印象"。比如,一位幼儿园老师第一次看到刚刚进入她班级的孩子们。她看到的是男孩和女孩,高矮胖瘦各不相同。,有着不同肤色、不同穿着打扮,有两个孩子正在说一种她听不懂的语言。一个孩子迅速走过去看书,另一个退缩,第三个在哭泣,还有一个看起来板着脸。所有这些最初印象(即个人刺激或需求特征)都可能影响老师和孩子们之间的首次互动,并且可能为随后的互动铺平道路,无论这些首次互动进行得好或不好。与此同时,老师的需求特征,以及其他孩子的需求特征,也被孩子们所察觉。老师看起来友好、担心、疲惫还是威胁?他们每个人可能会想:老师看起来是否像我的妈妈?我能听懂老师说的话吗?我能交到朋友吗?对这些问题的不同回答,无论是否有意识地表达出来,都有可能以不同的方式影响孩子们与他人的首次互动。②资源特征则是个人过去的经验和当前的能力,不会立即显现,但后续影响很大。孩子不同程度的动机和坚持对他们所参与的"近端过程"有着深刻的影响,教师的力量特征也会影响他们所参与的"近端过程"。如果这位老师没有什么偏见,无论她对班上新学生的初始反应是什么(基于需求特征),在观察学生参与教师鼓励的活动并与学生互动的过程中,

---

　　① Kristjansson B. The making of Nordic childhoods[J]. Nordic childhoods and early education: Philosophy, research, policy, and practice in Denmark, Finland, Iceland, Norway, and Sweden, 2006: 13-42.

她将逐渐了解到学生的过去经验和当前能力。一个刚进教室就立刻去看书角的孩子，事实上，她一个字也不会读，在家里只有几本图画书。一开始看起来板着脸的孩子原来已经掌握了很多的数学概念。老师得知这一点后，与孩子的互动方式跟老师最初预期的完全不同。当然，老师的资源特征也是一样的。一个担心老师和妈妈完全不像的孩子，发现老师有很多和不同肤色孩子一起工作的经验，而且老师能让班上所有的孩子感到舒适。原本因为孩子警惕而难以建立的"近端过程"，可能由于老师特有的资源特征，而变得友好而融洽。③力量特征则是指与气质、动机和毅力等有关的特征。前面提到的那个一个字都不会读的孩子实际上渴望学习如何阅读"真正的"书，这种渴望和决心对她参与与书籍以及那些帮助她学习阅读的人的"近端过程"产生显著影响。相比之下，那个在数学概念方面有很多经验并且学得很容易的孩子发现自己原本以为一切都很容易学习的期望落空了，并且在学习任何有挑战性的东西时缺乏毅力。孩子们不同程度的动机和毅力对他们参与的"近端过程"产生了深远影响。同样，教师的力量特征也会显著影响他们参与的"近端过程"。一个教师可能有丰富的经验，另一个可能是第一次从教。如果第一个教师的经验导致了倦怠或者认为无论她做什么，班上的孩子注定会失败，那么她确保成功的可能远不如第二个教师，后者虽然经验有限，但有着改变孩子生活的强烈愿望。①

情境是布朗芬布伦纳理论中一个重要的概念。环境的影响是横向的，无论直接的还是间接的，都会引起"近端过程"的发生。时间的影响是是纵向的，文化价值观、信仰和做法都会随着时间的推移而发生变化，

---

① Tudge J R H, Merçon-Vargas E A, Liang Y, et al. The importance of Urie Bronfenbrenner's bioecological theory for early childhood education[M]. Theories of early childhood education. Routledge, 2022: 50-61.

互动次数与互动时间长度也会影响个人的发展。

布朗芬布伦纳最广为人知的是他有关"情境"的理论，他用俄罗斯套娃的比喻来描述个体嵌入多个层次的环境，因此他的理论通常被描述为涉及环境对个体的影响。[①] 从生态系统理论的视角看，学前教育的质量取决于多个因素，这些因素在不同层面上相互作用。在宏观层面上，国家的学前教育政策，对学前教育事业的发展愿景，以及社会对儿童和童年时代的看法，社会文化和价值观等都会对学前教育中儿童学习和发展所获得的微观层面的环境条件产生影响。在螺旋式的发展过程中，宏观政策也可能发生变化，如新的研究发展、新的社会需要、家长观念的转变、教师理念的更新等。外部系统包括个体没有直接参与但对其有发展影响的环境，例如政府、社会媒体、医疗结构、父母的工作场所和社区资源等，同样可以间接影响到儿童个体的发展。中观系统是由多个微观系统之间的相互关系构成，如家园互动等，其中的事件和经验会对儿童个体的发展产生交叉的影响。微观系统是个体直接参与的最小系统，如家庭和幼儿园等。微观系统中的人际关系和互动对个体发展产生直接影响。

布朗芬布伦纳的理论为我们理解学前教育质量提供了一个包容、系统的视角，我们需要更加关注儿童作为主动参与者，与即时的外部环境中的物体、人和符号在越来越复杂的互动中，共同决定自己的发展过程和结果。同时，还需要考虑儿童之间的个体差异，这些差异基于儿童的遗传生物学构成，既包含可以通过"近端过程"实现的潜力，也可能包含需要通过高质量的"近端过程"避免的潜在风险。在家庭、学前教育机构中儿童与同伴观察或互动时，如儿童在物体探索、成人—儿童交流、

---

① Tudge J R H, Mokrova I, Hatfield B E, et al. Uses and misuses of Bronfenbrenner's bioecological theory of human development[J]. Journal of family theory & review, 2009, 1(4): 198-210.

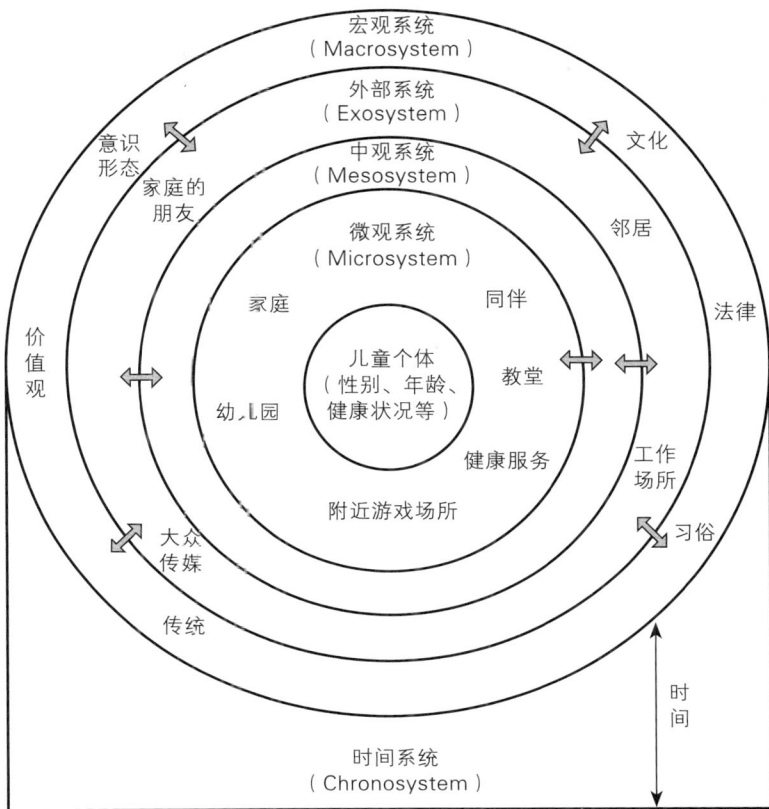

图1　布朗芬布伦纳的生态系统理论模型

同伴游戏、读写和数学学习、使用信息技术等方面的互动时，需意识到"近端过程"的质量、数量和内容的重要性。需要在儿童的微观系统之间建立一致性、连贯性和发展适宜的结构，包括地点同时性（例如家庭和学前教育中心之间）和时间变迁性（例如学前教育中心和学校之间），以加强"近端过程"的效果，实现儿童的长期发展轨迹，使其发展出个人、社会和经济上均有价值的能力和技能，这是连接儿童微观系统的中观系统特征。同时将儿童的微观系统和中观系统嵌入到更广泛的社会宏观系统中，通过多个外部系统将儿童微观系统和中观系统与社会机构联系起来，包括法定法规、宏观政策和宏观经济结构等。我们还需要综合考虑影响儿童经验的各个时间要素，包括个人时间（例如年龄、发展阶段）、特定环境时间（持续时间、稳定性、周期性或不同环境之间的转换）以及宏观历史时间（经济变化、日益增多的文化和语言多样性），这些都是"时间系统"层次的元素。

布朗芬布伦纳的生态系统理论强调了个体与环境之间的相互作用，认为个体的发展不能孤立地被理解，而是需要考虑其所处的环境背景。这就更需要我们用全面和发展的视角去审视学前教育质量，去理解多重要素对儿童学习和发展的影响。

第三章

宏观层面：北欧学前教育的
价值追求与政策保障

一、北欧学前教育的价值观

价值观是对行为提供普遍指导并协助制定决策的参照点，是使人采取行动的一些原则、基本信念、理想、标准或生活态度的综合。北欧学前教育以儿童为本、平等普惠、尊重关爱和鼓励自主探索等为核心的价值观深深植根于北欧社会的历史、文化和社会结构，并得到政府、教育界和社会各界的共识和支持。

（一）"以儿童为中心"：北欧学前教育的核心理念

卢梭的《爱弥儿》（Emile）标志着"儿童"中心主义教育观念的诞生，这一教育观念在杜威的时代又得到了进一步科学化与发展。1900年，瑞典杰出的女教育家、作家、妇女运动活动家爱伦·凯（Ellen Key，1849～1926）出版了《儿童的世纪》（*the Century of the Child*），最初用瑞典语写成，很快被翻译成多种语言，其中的很多观点在当时甚至今天都在北欧国家发挥着影响。作者在书中强烈呼吁 20 世纪应该致力于改善儿童的生活条件，从儿童的兴趣出发，实施以儿童为中心的教育。在作者看来，惩罚永远不应该是体罚，而应该是"自然的"。换句话说，如果你丢失或损坏了玩具，你自然会受到惩罚：你再也没有玩具可以玩了。为了使儿童的权益得到更好的保护，1981 年，挪威通过了《儿童监察员法》，设置了"儿童监察员"机构，其主要职能是：密切关注可能威胁儿童权益的领域和全球趋势；开展促进儿童权益的研究；监督立法，主张并分析其对儿童的影响；向公众宣传儿童权益；在更广泛的国际背景下促进儿童权益的发展。继挪威之后，北欧各国纷纷效仿建立起了自己的儿童监察机构，为保障儿童权益发挥积极作用。[1]

　　"以儿童为中心"意味着将儿童的需求、权益和利益置于教育的核心位置，将他们的个体发展、幸福和学习放在首要考虑的地位。在北欧国家的学前教育中，教育者致力于提供一个温暖、支持和有益的学习环境，满足儿童的身体、情感、认知和社交发展的各方面需求。关注每个儿童的特点、兴趣和能力，通过个性化的教学和关注，促进他们全面发展和成长。这意味着教育者与儿童建立信任和互动，倾听他们的声音和观点，鼓励他们自主探索和发现。儿童的意见和参与被认为是有价值的、重要的，他们被视为能够主动参与学习和决策的能力主体。"以儿童为中心"的理念强调教育的个性化、包容性和全面性，为儿童提供一个积极、有意义和愉快的学习体验，为他们未来的发展奠定坚实基础。

---

[1]　Kristjansson B. The making of Nordic childhoods[J]. Nordic childhoods and early education: Philosophy, research, policy, and practice in Denmark, Finland, Iceland, Norway, and Sweden, 2006: 13-42.

（二）儿童的权利、福祉及民主参与："存在"的状态与"成为"的过程

北欧国家社会福利制度的核心是认为包括儿童在内的所有公民，都应该享有高质量的生活水平和平等的生活，以及社会和个人福祉。"民主参与是公民身份的一个重要标准：它是儿童和成年人能够与他人一起参与制定影响自己以及所属群体和更广泛社会决策的一种途径，它也是抵制权力及其统治意志的一种手段，是抵制因无节制地行使权力而产生的各种形式的压迫和不公正的方式。另外，民主为实现多样性的繁荣发展创造了可能性。儿童的参与也为新思维和新实践的产生提供了最佳环境。"[①]北欧社会的理想是，不仅允许儿童在当下体验民主，还要教育儿童成为民主公民。[②] 作为"存在"，民主是一种政治制度和社会组织形式，涉及公民的参与、政府的权力分配和民众的权利保障。

在学前教育中，儿童可能会接触到民主制度的表象，例如在班级中进行投票、学习有关政府和选举的基本知识。这种"存在"的民主为儿童提供了一个了解民主的起点，让他们了解公民参与和民主原则的重要性。而作为"成为"，民主更强调儿童在学习和发展过程中逐步培养民主价值观和民主行为。在学前教育中，儿童通过合作、共同决策、尊重他人的声音和意见，以及理解权利和责任的平衡，逐渐成为具有民主意识的个体。这种"成为"的民主强调儿童在日常生活中实践民主原则，培养他们成为尊重他人、包容不同意见的公民。

---

① Moss, Peter. Bringing politics into the nursery: Early childhood education as a democratic practice[J]. European Early Childhood Education Research Journal, 2007, 15(1): 5-20.

② Einarsdottir J, Purola A M, Johansson E M, et al. Democracy, caring and competence: values perspectives in ECEC curricula in the Nordic countries[J]. International Journal of Early Years Education, 2015, 23(1): 97-114.

联合国《儿童权利公约》(*Convention on the Rights of the Child*) 中提及的儿童权利多达十几种, 其中将最基本的权利概括为四种: 生存权、发展权、受保护权与参与权。参与权是指儿童"参与家庭、文化和社会生活的权利。儿童有参与社会生活的权利, 有权对影响他们的一切事项发表自己的意见 (表达权)"。在《儿童权利公约》的推动下, 北欧各国展开了一系列研究, 探讨如何将这些抽象的概念纳入社会框架, 转化为儿童日常生活中具体的人权。儿童作为有特殊权利的公民, 有能力进行"反思、观察和推理, 他们能够进行实验、得到结论并解决问题。"[①]如芬兰早在1990年通过立法规定3岁以下的儿童有获得日托服务的权利, 1996年, 这项保障扩大到所有学龄前儿童。[②]

"民主"起源于希腊文, 意为"人民的权力"。当把民主和教育相关联时, 通常指需要教育来创造、维护或保护民主。[③]经济合作与发展组织《强势开端 II》报告中提到, 北欧幼儿教育的"核心目标是支持儿童的发展和学习, 并提供民主价值观的经验"。[④]在北欧教育政策话语中, 民主往往从个人视角和社会视角来审视。一方面民主的教育是培养自主性、理性的个体。对儿童来说, 则是不断"激发其自我意识的发展和对环境的自由探索"。[⑤]另一方面, 民主表现为对民主生活的参与。在幼儿园里

---

① Emilson, Anette, Johansson, Eva. Values in Nordic early childhood education: Democracy and the child's perspective[J]. International handbook of early childhood education, 2018(1): 929-954.

② Karila, Kirsti. A Nordic perspective on early childhood education and care policy[J]. European Journal of Education, 2012, 47(4): 584-595.

③ Broström S, Jensen A S, Hansen O H. Values in Danish early childhood education and care[J]. Nordic social pedagogical approach to early years, 2017(1): 25-41.

④ OECD. Starting strong II: Early childhood education and care[EB/OL]. (2006-09-14)[2022-03-23]. https://www.oecd.org/education/school/37519079.pdf.

⑤ Broström S, Jensen A S, Hansen O H. Values in Danish early childhood education and care[J]. Nordic social pedagogical approach to early years, 2017(1): 25-41.

的儿童应该受到尊重，享有表达的自由，在进行游戏活动的同时也能够体验民主的关系。[①] 尽管关于价值观的表达在各国幼儿教育政策文件中存在差异，但对于儿童的权利、福祉及民主参与的导向性趋于一致。例如，瑞典的《教育法案》定义了教育的目的是为了儿童能够"获得并发展知识和价值观"，并在国家课程文件《学前课程》开篇"学前教育的基本价值观和任务"中进一步强调教育应该基于"儿童的最大利益"传达对人权的尊重及瑞典社会所根植的民主价值观"。[②] 整个文件渗透着对儿童及其观点的尊重、民主、同理心，对多样性的理解以及对儿童的"倾听能力、对他人观点及个人信念的反思与表达能力"的支持。

芬兰的教育理念和政策中一直将"机会平等"作为根本原则，并以符合儿童年龄发展特点的方式促进每个孩子的全面发展、健康和福祉。尊重儿童的发言权和自主权，并确保儿童有机会参与影响自己生活的决策。[③] 丹麦则强调早期教育机构应赋予儿童"共同的决心、共同的责任和对民主的理解"。[④] 冰岛《学前教育国家课程指南》中规定儿童可以发展和实验自己的想法，从而获得新的理解和知识，并按照自己的方式解决游戏中出现的问题。《学前教育国家课程指南》中出现的民主的另一个方面涉及个人和集体之间的关系。从个人的角度来看，民主是指儿童的个人权利和机会，儿童可以做出自己的选择、参与并影响日常实践；从集体的角度看，

① Bae B. Children's right to participate–challenges in everyday interactions[J]. European early childhood education research journal, 2009, 17(3): 391-406.

② Skolverket. Curriculum for the Preschool, Lpfö 18[EB/OL].(2019-05-15)[2022-11-25]. https://www.skolverket.se/getFile?file=4049.

③ Salminen J. Early childhood education and care system in Finland[EB/OL].(2017-12-30)[2022-12-25]. https://onlinecourses.jyu.fi/pluginfile.php/4035/mod_resource/content/2/Salminen%202017_Finnish%20ECEC%20system.pdf

④ OECD. Transitions from ECEC to school[EB/OL].(2017-06-21)[2022-11-25]. https://www.oecd.org/education/school/SS5-country-background-report-denmark.pdf.

则与学前社区合作多样性联系在一起。冰岛的《学前教育国家课程指南》规定,"学前教育应该是一个民主的论坛和学习社区,工作人员、家长和儿童都积极参与,并影响有关学前教育的决定","学前教育实践应该鼓励儿童尊重和关心他人,培养团结、体贴和友谊的感受"。挪威《幼儿园法案》同样强调了幼儿园教育对促进民主和平,反对一切歧视的重要作用。

北欧学前教育通过强调民主和幼儿的参与权,将幼儿视为学习过程中的积极主体和决策者。这体现了对幼儿独立思考、自主学习和自我表达的尊重和信任。在北欧的学前教育环境中,教育者和儿童之间建立了平等和互动的关系,儿童有权利发表自己的意见,参与课程规划和活动决策。这种民主和幼儿参与权的实践有助于培养幼儿的社交技能、沟通能力、决策能力和问题解决能力,为他们未来的学习和生活奠定坚实基础。

(三)"关怀":儿童基本需求满足和道德关系的建立

北欧学前教育的关怀,不仅仅是教育者对儿童的照顾,更是一种关注和支持的价值观和教育理念。通过关怀,儿童在学前教育中得到积极的体验,建立自信、快乐和健康的心态,为他们未来的学习和生活奠定良好的基础。关怀价值观是作为儿童与共同体内其他人之间的道德和情感关系存在的,旨在满足儿童的基本需求;关怀价值观具体体现在教育工作者鼓励孩子们互相安慰,对他人表示同情,使儿童不伤害他人,对他人表示理解并表现出同情心等方面。[①] 丹麦学者斯文·蒂森(Sven Thyssen)认为关怀是针对儿童需求采取负责任的行动。通过行动,教育者能够有意识地为孩子的心理发展提供支持。[②] 另一位丹麦幼儿教育研究

---

① Broström S, Jensen A S, Hansen O H. Values in Danish early childhood education and care[J]. Nordic social pedagogical approach to early years, 2017(1): 25-41.

② Thyssen S. Caring and toddlers' development in day care[J]. Aarhus: Systime, 1995.

者阿格奈泰·迪德里克森（Agnete Diderichsen）强调关怀作为一种特殊关系的价值，可以被描述为针对和支持儿童在发展和生存领域的需求的行动。与儿童的关怀关系可以是个性化的，基于情感行动。关怀也是专业化的，建立在责任感之上。[①]

关怀的价值观在北欧学前教育立法文件或课程指南中有明确规定。幼儿园教师通过行动、言语或非语言等潜移默化的形式，传递价值观。民主、关爱的价值观渗透在幼儿园的日常生活中，每天的游戏、各种挑战、师幼互动都是北欧学前教育者在实践中进行价值观教育的最自然的方式。如，在瑞典的一项近期研究中，将关怀价值观分为"不伤害他人、理解并表现出同理心、互相帮助、与他人友好相处"四个维度[②]，在说明"不伤害他人"维度时，研究者举了以下示例：

史蒂文（Steven）和帕特里克（Patrick）在教室的一角玩积木。史蒂文突然拿一块积木砸向帕特里克的头部，帕特里克哭了起来。老师抬起头来喊道："史蒂文！"她走向男孩们，抓住史蒂文的胳膊，用愤怒的声音说道："看这里！你对帕特里克做了什么？"史蒂文试图挣脱老师的束缚，但老师没有松手。老师试着看史蒂文的眼睛，坚定地说："看着我！不要那样做。看看帕特里克有多伤心。"帕特里克哭了，史蒂文迅速地看向帕特里克。老师握着史蒂文的手臂，试图进行眼神交流。她劝史蒂文摸摸帕特里克的脸颊，但史蒂文看起来不想那么做。他低下头看着地板。"而你……现在你看着我"，老师继续说道。"如果用积木来打人，你就不能玩这些积木。你不能再这样做了。不能再做这种事情了。"老师生气地说。"不，不了……"对于教师使用的策略，研究者给出的解释是：首先，

---

① Diderichsen A, Thyssen S, Jacobi A. Omsorg og udvikling [Care and development][J]. Copenhagen, Denmark: Danmarks Pædagogiske Universitets Forlag, 2005.

② Emilson, A., & Johansson, E. (2009). The desirable toddler in preschool: Values communicated in teacher and child interactions. In *Participatory Learning in the Early Years* (pp. 77-93). Routledge.

教师很严肃地告知史蒂文，不允许在幼儿园打架。其次，她表示伤害他人的行为应该受到惩罚。然后，史蒂文收到最后通牒，即如果他用积木打人，他就没法再玩积木了。同时，让史蒂文去触摸帕特里克的脸颊，也意味着"不伤害他人"，包括控制身体、需求和感受的能力。

此外，所有北欧国家的课程指南都强调了成人在关怀关系中的责任。冰岛《学前教育国家课程指南》规定，学前教育的主要目标是"为儿童提供满足每个人需要的精神、智力和身体关怀，使他们能够享受童年"。然而，北欧课程中的关怀维度不仅与满足儿童的基本需求有关，还与个人之间的道德和情感关系有关。基本关怀和关怀关系都被视为儿童福祉和发展的先决条件。此外，关怀被强调为儿童学习的重要价值，强调学前活动不仅基于儿童关怀，还基于学习。因此，关怀和教育的概念是相互交织的，正如冰岛《学前教育国家课程指南》中所述："在学前教育中，养育、关怀和教育概念是统一的。儿童受到尊重和关注，受到鼓励，并被赋予适合他们的任务。"

在关怀价值观的引领下，北欧的学前教育不仅仅关注儿童的认知和学习能力，更注重他们的情感、道德和社交能力的培养。通过培养儿童与他人之间的善良关系，使他们能够在成长过程中更好地与社会共处，为未来成为有同情心、关爱他人的公民奠定良好基础。

（四）北欧学前教育中的"能力"：社会能力和自我概念引领全面发展

能力价值观在北欧国家的学前教育中占据着重要的地位，涉及儿童学习和发展的内容，并体现了儿童学习与发展的方式。各国的课程指南均没有强调对学术技能的侧重，而是将与儿童不断发展的社会能力和自我概念相关的价值观放在首位。如冰岛强调将"培养儿童的表达和创造能力，以增强他们的自尊心、健康意识、自信心和沟通能力"作为学前教育的目标之一。挪威的《幼儿园框架计划》将社会能力定义为"在不同情境下与他人积极地互动。这种能力是儿童通过与彼此及成年人的互动表达中学习到的。它体现在儿童展示主动性和维持友谊的能力上。理解社会情境和过程以及获得社交能力，需要在社区中获得经验和参与活动。社交能力通过行动和经验获得，并可以逐渐提高"。瑞典的《学前课程》中强调"学前教育应该为儿童提供支持，帮助他们树立一个积极的自我形象，让他们认识到自己是学习和创造的个体"。

在日常教学过程中，"能力"价值观主要体现在几个方面：①开放灵活的教育过程。教师鼓励儿童积极参与学习，支持他们根据自己的兴趣和需求来选择学习内容和方式。教育过程的设计需激发儿童的好奇心和创造力，让他们在自主探索中学习和成长。②强调儿童的积极性和合作性。北欧学前教育将儿童视为积极的学习者和合作者，强调发展和支持他们的能力。教育者鼓励儿童发挥自己的优势和才能，促进他们的全面发展，培养他们的自信心和自我概念。③关注社会能力和自我概念。北欧国家的课程指南将与儿童不断发展的社会能力和自我概念相关的价值观放在重要位置，旨在帮助儿童建立良好的人际关系，提高沟通和合作能力，培养自尊心、健康意识和自信心。④培养表达和创造能力。在北欧的幼儿园里，教师通过组织艺术、游戏和角色扮演等活动，激发儿童的创造力，帮助他们表达自己的想法和情感，增强沟通能力。⑤终身发展和学习观念。北欧国家强调学前教育是终身发展和学习的基础。他们认为学前阶段是儿童发展的重要时期，为其未来的学习和生活奠定基础。因此，学前教育的目标不仅是为了学习特定的学术技能，更重要的是培养儿童终身学习的态度和能力。

（五）游戏：儿童的基本活动

关于游戏的重要性，全世界有着一致共识：游戏是儿童的基本活动，是促进儿童发展、使其享受"最好的童年"的最佳方式。游戏在北欧学前教育中有着悠久的传统和不可撼动的地位。20世纪以来，不同心理学理论从各自的视角对儿童的游戏进行了研究，并提出了不同结论。游戏对儿童发展的影响有的是即时的、有的是延迟的、有的是加速的，而且不同的游戏形式在儿童发展中发挥不同的作用[①]。游戏应儿童的身心全面发展而产生，两者相辅相成、相互促进。儿童可以在游戏中获得正向的情绪体验，通过游戏发展创造力、形成概念、发展社交技能、调节情绪等。

游戏在北欧学前教育中被视为一种积极、综合和有益的教育方法，强调儿童的主动参与和自主性，鼓励儿童的个体发展和获得多样化的学习经验。通过游戏，儿童在快乐和愉悦中获得知识、技能和价值观，为他们未来的学习和生活奠定坚实基础。以芬兰为例，在芬兰的《学前教育国家核心课程》中，单词"play"出现了多次，其中有两次作为章节标题出现，在其中一章将"play"定义为"发展、学习和幸福的方法"。在第四章关于幼儿学习的描述中，反复强调了游戏的作用："需要认识到游戏对儿童幸福和学习的重要性。教师需要了解哪些因素会影响儿童的游戏，并制定促进儿童游戏的方法、创设学习环境。儿童有机会和老师共同体验一起做事、一起游戏的乐趣……为孩子们提供游戏的空间、时间和平和的环境，使教师和儿童都能专注于游戏。"

在芬兰的幼儿园里，儿童被视为自主学习者，游戏对于儿童的全面

---

① Pellegrini A. The role of play in human development. New York: Oxford University Press, 2009.

发展具有重要意义。儿童通过游戏、探索、移动、维护学习环境、自我表达和有创造力的活动等方式进行学习。在学习的过程中，儿童通过游戏自然地参与探索学习环境的活动。游戏为儿童提供了自我表达，发展认知、社交、情感和身体技能的机会。芬兰的国家课程文件特别强调整体性的学习方法，承认儿童的发展和学习是相互关联的，受到生活各个方面的影响；认为儿童不仅通过正式的教学获得知识和技能，还通过包括游戏在内的日常体验进行学习。因此，芬兰的指导性文件中鼓励学前教育工作者为儿童创造一个支持和促进儿童游戏、探索和自我表达的环境。芬兰重视儿童的积极参与、好奇心和创造力等学习品质，并承认学习是一个与周围世界有意义互动的动态过程。

不只是芬兰，北欧所有的课程大纲中，与游戏、创造力和表达相关的词语比所谓学术学习（识字、字母、数学概念和数字）的词语出现得更频繁。[1] 游戏被描述为与儿童的童年不可分割，对儿童而言是自然而然的事情。瑞典《学前课程》中也强调"游戏对于儿童的发展和学习非常重要。在学前教育活动中，应始终有意识地利用游戏来促进每个儿童的发展和学习"。冰岛《学前教育国家课程指南》中明确"在游戏中，儿童可以发展和尝试新的想法，获得新的理解和知识。在游戏中，问题会产生，儿童会以自己的方式解决问题。在游戏中，认知和艺术因素都会得到加强。游戏需要使用多样的语言、动作、社交交流和情感关系。游戏可以激发儿童的创造力，增强他们学习和获取知识的愿望"。

---

① Einarsdottir J, Purola A M, Johansson E M, et al. Democracy, caring and competence: values perspectives in ECEC curricula in the Nordic countries[J]. International Journal of Early Years Education, 2015, 23(1): 97-114.

（六）教育工作者是实现价值观传递的关键

研究认为，系统和有意识的价值观教育会提高儿童的参与度，带来更积极的学习体验，并提高合作能力。[1] 价值观教育需要教师具备儿童的视角并能够持续保持良好情感状态和亲密状态的能力，以及保持游戏化的社会实践的能力。[2] 北欧国家主要通过两个途径强化幼儿教育中的价值观教育。第一，在政策文件中对幼儿教育工作者的角色做出具体规定。瑞典在 2018 年新修订的《学前课程》新增了两个章节，一章是对幼儿园园长角色的评估与发展，要求园长作为教师、保育员和其他人员的教学领导和负责人，需对实现国家课程目标及幼儿园教育质量全面负责。另一章是对除教师外的其他人员，如助教、保育员等所应具备的必要技能和基本职责做了规定，确保儿童通过对知识和价值观的习得获得全面发展。第二，加强对价值观教育路径与方法的研究与实践。挪威近期的研究认为儿童的民主参与"并不是教师可以简单给予儿童的东西，而是在日常教学实践和互动中持续不断、明确或隐含地表达出的价值"[3]，"教师负责创建儿童可以参与的包容性的环境"，"通过鼓励好奇心、不确定性和主动性来实现"。[4] 冰岛的一项行动研究表明，教师很重视自己作为价值观教育者的角色，并通过榜样作用、用儿童可理解的语言与儿童共同讨论，采用引导和亲近的方式、借助使用规则等途径，实现价值观的有

---

① Toomey R. Values education, instructional scaffolding and student wellbeing[EB/OL]. (2010-01-01）[2022-11-10]. https://link.springer.com/content/pdf/10.1007/978-90-481-8675-4.pdf?pdf=button.

② Bae B. Children's right to participate–challenges in everyday interactions[J]. European early childhood education research journal, 2009, 17(3): 391-406.

③ Evelyn R. Democratic participation in early childhood education and care-serving the best interests of the child[J]. Nordisk barnehageforskning, 2018, 17(1).

④ Moss P. Democracy as first practice in early childhood education and care[M]. Centre of Excellence for Early Childhood Development, 2011.

效传递。①

在日常的教学活动中，教师需要创造吸引儿童兴趣的学习环境，并理解和融入儿童的世界。教师通过和儿童建立亲近的关系，共同探索学习内容，支持儿童的兴趣和好奇心，进而达到在游戏中学习的目的。在北欧的幼儿园里，教师不仅仅是传授知识的人，更是引导儿童主动学习的伙伴。游戏是儿童学习和生活的主要形式，这点得到了北欧幼儿园教师的普遍认同，但这并不意味着北欧幼儿园的教育是漫无目的、游戏活动是游离于目标而存在的。教学应能够将游戏和学习融合到目标导向的教学中，关注每个儿童的需求和兴趣，为他们提供适合他们个性和发展的学习和游戏环境，让儿童在游戏中探索和学习，从而为儿童的创造力、选择、主动性和反思等提供空间。同时，教师也有目标的意识，并利用游戏过程和各种活动，来帮助儿童理解周围世界的方方面面，进而实现全面发展。

二、北欧提升学前教育质量的政策影响

（一）追求更高的投资回报和国际组织的政策效应

北欧国家长期以来保持着重视学前教育投入的传统。欧盟 2019 年对学前教育投入的均值占国民生产总值（GDP）的 0.5%，而丹麦为 1.2%、

①　The Icelandic national curriculum guide for preschools[EB/OL]. (2014-03) [2022-11-20]. http://chrodis.eu/wp-content/uploads/2017/03/the-icelandic-national-curriculum-guides-for-schools.pdf.

瑞典为 1.1%。[①] 20 世纪 70 年代和 80 年代，北欧国家的学前教育政策主要关注扩大公共日托服务范围，以帮助女性更好地平衡工作与家庭责任，从而促进性别平等和家庭经济福祉。这一投资策略在一定程度上为北欧国家的社会发展和家庭稳定发挥了关键作用。随着新自由主义思潮的影响，北欧国家开始更加强调学前教育对经济发展的贡献。在人力资本理论的指导下，学前教育被视为对国家未来经济发展的重要投资。这导致各国政策焦点逐渐从扩大服务范围转向强调儿童的全面发展以及他们作为未来公民的教育。为了确保学前教育的质量和效益，各国政府加大了对学前教育的管理和监督力度。政府希望通过有效的政策措施最大化学前教育的效果和投资回报。丹麦是比较有代表性的国家，通过长期的政策承诺和持续投入，丹麦建立了一套高质量的学前教育体系。

丹麦有着非常健全的学前教育政策，它不仅是家庭教育政策的重要支柱，也是世界瞩目的社会投资案例。[②] 在 20 世纪 70～90 年代，丹麦的学前教育和保育的基础设施得到了快速扩展，但是依然无法满足不断增长的儿童照顾需求。在后补名单中，市政府对工作的父母进行了优先考虑，而对失业、学生和社会边缘化家庭则考虑不足。这导致了 90 年代初的政治辩论，多政党联盟敦促当时由保守党领导的政府在与地方政府的谈判中考虑学前教育供给不足的问题。随后上台的社会民主党政府承诺通过延长法定休假计划，并与地方政府协商，为有孩子的家庭提供真正的学前教育服务的选择。尽管社会民主党成功地通过了新的法律并延长

---

① De La Porte C, Larsen T P, Lundqvist Å. Still a poster child for social investment? Changing regulatory dynamics of early childhood education and care in Denmark and Sweden[J]. Regulation & Governance, 2023, 17(3):628-643.

② Larsen T P, De La Porte C. Early childhood education and care in Denmark: a social investment success[M]//successful public policy in the nordic countries: cases, lessons, challenges. Oxford University Press, 2022: 66-87.

了法定休假计划，但未能在政治上真正实现对所有父母的全面儿童照顾保障的支持。在这种情况下，市政府开始提供自己的学前教育保障计划，到 21 世纪初，这种保障已经接近普遍实施。①

自由党政府在掌权后，于 2004 年提出了在全国范围内普及儿童的受照护权利。这一提议获得了所有政党的支持，同时各政党也呼吁降低儿童的照护费用、增加对照护质量的关注、优化师幼比、将家长休假的天数和照护天数相关联，以更实现家庭—工作的平衡。代表儿童照顾工作人员的工会也表达了对新儿童权利的积极意见，但也分享了社会民主党和左翼政党的担忧，尤其是强调儿童照顾保障应该是以社会—教育学为基础的学前教育服务。②自此，丹麦的父母有了更多的选择，无论是公共服务或私人服务，均能获得政府的资助。但由于财政紧缩，中央政府向市政府的拨款总额出现了削减。2007 年的结构性改革使国家层面相对于地方层面的权力增强，制定了地方政府大规模支出的预算限制。2012 年欧盟引发预算法案以来，甚至可以对超出预算限制的地方政府进行罚款。③特别是在金融危机期间，学前教育占 GDP 的比例从 2009 年的 1.7% 降至 2019 年的 1.2%。④此外，保持低费用对于实现跨阶级的可及性非常

①　De La Porte C, Larsen T P, Lundqvist Å. Still a poster child for social investment? Changing regulatory dynamics of early childhood education and care in Denmark and Sweden[J]. Regulation & Governance, 2023, 17(3):628-643.

②　Larsen T P, De La Porte C. Early childhood education and care in Denmark: a social investment success[M]//successful public policy in the nordic countries: cases, lessons, challenges. Oxford University Press, 2022: 66-87.

③　Borchorst A. Danish child-care policies within path—timing, sequence, actors and opportunity structures[M]//Childcare and preschool development in Europe: Institutional perspectives. London: Palgrave Macmillan UK, 2009 126-141.

④　Eurostat. (2021a). Children in formal childcare or education by age group and duration-% over the population of each age group -EU-SILC survey[EB/OL].(2024-04-06)[2024-04-07].https://ec.europa. eu/eurostat/databrowser/view/ilc_caindformal$defaultview/default/table?lang=en.

重要。2006年引入了对自付费的上限规定，即父母最多支付学前教育总费用的25%。在更高的预算限制的背景下，学前教育费用在各地都有所增加，自2009年以来，富裕的市政府中增加得更多。学前教育费用占家庭平均收入的百分比在各个市政府之间有所不同，最富裕市政府中占家庭平均收入的5%，而最贫困市政府中占家庭平均收入的13%。多年来，不同利益相关者一直对丹麦学前教育的"负担得起"和"可获得性"进行呼吁，并对学前教育支出的削减提出批评。作为对此的部分回应，丹麦中央政府根据需要提供了额外的资金（2012年为5亿丹麦克朗，2015年为2.5亿丹麦克朗）。①2018年和2019年的最新改革意味着学前教育更关注儿童的全面发展，中央政府为实现这一目的提供了额外的资金，确保结构质量和过程质量。

丹麦学前教育服务在社会各阶层中的覆盖程度都非常高，无论收入高低，还是族裔群体不同。来自非西方背景和社会贫困地区的儿童与其他儿童一样参加学前教育和照护。此外，单亲妈妈和社会边缘化群体的子女也是优先考虑的对象。在许多先进经济体中，儿童照护中的马太效应都很明显，但在丹麦和其他北欧国家，这种现象明显较弱。②研究表明，丹麦学前教育的大规模普及和学前教育质量的大幅度提升对儿童在学校的表现产生了积极的因果效应，尤其是对男孩和来自贫困家庭的儿童。此外，丹麦还通过设定费用上限和全国范围的课程标准，规定师幼比、教师资质等方式整体提升教育质量。

社会投资理念起源于20世纪30年代，从90年代开始，随着经济合作与发展组织、欧盟和世界银行等跨国组织开始倡导公共服务的社会

---

① De La Porte C, Larsen T P, Lundqvist Å. Still a poster child for social investment? Changing regulatory dynamics of early childhood education and care in Denmark and Sweden[J]. Regulation & Governance, 2022.

② OECD. Early childhood education: Equity, quality and transitions. Paris: OECD, 2020.

投资模式，社会投资理念才得以复兴。国际和欧洲的相关政策对北欧国家的幼儿教育政策的形成有很大的影响。[①] 如世界银行以人力资本理论为依据发布的《教育质量和经济增长》（*Education Quality and Economic Growth*）、《全民学习：投资人的知识与能力促进发展》（*Learning for All: Investing in People's Knowledge and Skills to Promote Development*）、《2018 年世界发展报告：学习以实现教育的承诺》（*World Development Report 2018：Learning to Realize Education's Promise*）及《实现学习的未来：从学习贫乏到人人皆学处处能学》（*Realizing the Future of Learning: From Learning Poverty to Learning for Everyone, Everywhere*）等战略报告，均强调了教育的服务功能和经济效用。欧盟理事会 2019 年发布了《幼儿教育质量框架》，围绕入学机会、师资、课程、监督与评价五大支柱加强了各国对幼儿教育质量的理解。OECD《强势开端》系列报告的发布，将各国幼儿教育发展的重点聚焦在教育质量的提高，涉及从关注学前教育质量提升的政策杠杆到学前教育质量监控体系的构建，再到学前教育质量的延展，即幼小衔接。[②] 此外，OECD 关于各国的幼儿教育体系和质量报告中（如教师教学国际调查项目，Teaching and Learning International Survey，简称 TALIS），十分推崇各参与国之间幼儿教育质量的比较，这种推崇为各国追求高质量的幼儿教育提供借鉴，同时也对各国追求高质量的幼儿教育起到激励作用。

---

① Kirsti K. A Nordic perspective on early childhood education and care policy[J]. European Journal of Education, 2012, 47(4): 584-595.

② 许浙川，柳海民. OECD 国家推行有效衔接的目的与举措—基于对《强势开端：幼小衔接报告》的考察 [J]. 比较教育研究，2019（01）：85-91.

（二）学前教育质量保障的国家政策框架

北欧国家被归类为社会民主型福利制度，在这种制度下，国家在提供普遍福利服务方面扮演着重要角色。北欧学前教育机构的产生也带来了公共日托相关法律的出台。其中重要的一项是由父母共同分享的带薪产假，借此平衡家庭和工作的关系。因此，当时关注的重点是性别平等，而非儿童权益，尽管如此，这也为学前教育的制度化奠定了基础。人们期望儿童在公共机构中接受教育和照顾，并由专业人员组织活动激发儿童的社会能力。如今，学前教育的制度化已成为北欧国家文化信仰系统的一部分，许多家长认为公共机构对儿童获得恰当的教育是必不可少的。[①]芬兰于 1990 年立法，规定所有 3 岁以下的儿童有接受日托的权利。1996 年，这一保障扩展到所有学龄前儿童。芬兰 0～6 岁的儿童无论父母的就业状况如何都有权享受学前教育。对于不选择市政日托机构的家庭，芬兰政府还发放家庭照护津贴，约 50% 的 3 岁以下幼儿都在家中照顾。因此，与其他北欧国家相比，芬兰的公共资助日托服务的入学率较低。

北欧各国通过立法和制定国家课程文件确保学前教育开展的合法性及权威性。北欧学前教育立法的主要作用是确保提供高质量、全面发展的学前教育服务，以促进儿童的全面成长和幸福发展。这些立法为学前教育设定了明确的目标和标准，规定了学前教育机构的运营要求，并明确了家长参与和儿童权益保障的重要性。学前教育立法保障了所有儿童接受学前教育的权利，无论来自何种背景或家庭条件，确保每个孩子都能获得平等的教育机会。各国法律文件规定了学前教育的质量标准和内

---

① Kirsti K. A Nordic perspective on early childhood education and care policy[J]. European Journal of Education, 2012, 47(4): 584-595.

容，要求教育机构符合这些标准，以确保提供高质量的学前教育服务，满足儿童的学习和成长需求。此外，全国性的课程指南在学前教育中发挥着引领和指导的作用，帮助确保学前教育的质量和一致性，促进儿童的全面发展和幸福成长。共同的课程或学习标准，有助于工作人员明确他们的教育目标，着眼于进步，为儿童的一日生活提供结构性指导，专注于儿童发展的最重要方面，并对儿童的需求作出适当回应。它还可以确保学前教育和小学教育之间的连续性，确保儿童掌握小学和进一步学习所需的知识和技能。此外，共同的框架有助于父母了解儿童的发展，并鼓励他们为孩子提供良好的家庭学习环境；还可以作为工作人员和父母之间的桥梁，用于共享有关儿童在中心的活动以及促进基于需求的干预措施的信息交流。①

以芬兰为例，《学前教育法案》是芬兰学前教育的主要法律文件，该法案将学前教育定义为有计划和目标导向的教育、抚养和照料的综合教育，并强调教学的重要性。该法案规定了学前教育的十个核心目标。学前教育的关键任务之一是支持儿童的整体成长、发展、福祉和健康。此外，学前教育在促进终身学习以及公平和平等方面也发挥着重要作用。其中特别强调了儿童和家长在早期教育组织和实施中的角色和参与。《学前教育国家核心课程》是学前教育机构制定其课程以及为每个孩子制定个别教育计划的依据，最早由芬兰国家教育局颁布于 2016 年，2018 年进行了一次修订，与最初版本相比变化不大。在 2022 年的再次修订中，突出了儿童在学前教育中的权利；参与国家核心课程制定的利益相关者广泛代表了管理和研究领域、劳动力市场、学前教育领域从业人员和专家

---

① OECD. Quality matters in early childhood education and care[EB/OL].(2013-02-05)[2023-12-11]. https://www.oecd.org/education/school/SWEDEN%20policy%20profile%20-%20published%2005-02-2013.pdf.

的观点；制定过程中还向公众进行了公开的在线咨询。在地方层面，尽管行政部门和学前教育机构负责起草地方课程，但过程中也会听取家长、孩子和不同的合作伙伴在课程开发和评估中的声音。

芬兰的目标是从儿童的角度出发，让学前教育、学前班和小学、中学的本地课程形成整体，使不同层次的教育形成内容、逻辑上连续的整体。学前班教育的总体目标在《基础教育法案》（*Basic Education Act*，*1998*）中进行了概述，学前班的目的是支持儿童成为人道主义者和在社会中负责任的成员，并为他们提供生活所需的知识和技能。此外，作为学前教育的一部分，学前班的目标是在全国范围内实施高质量的学前班教育，提高儿童的学习能力。

学前班教育受《学前班国家核心课程》的约束，当前版本于2014年12月发布，基于新核心课程的本地课程在2016年8月开始实施。作为普通教育课程改革的一部分，《学前班国家核心课程》的制定经历了多方参与和咨询的过程。参与人员包括研究者、教师和市政府代表组成的多人综合工作组，此外来自幼儿园和学校等学前班教育提供者和其他利益相关者也在过程中提供了大量的书面反馈意见。芬兰专门成立了国家层面的指导小组，由各方关键利益相关者构成，包括各部门、教育工会和其他相关劳动力市场合作伙伴、校长协会、各类相关机构、芬兰家长联盟以及芬兰图书出版协会等。学前班教育的提供者须确保教师和监护人能够参与本地课程的制定，还要听取和参考儿童的意见。此外，负责社会福利服务的市政官员也会被邀请参与课程工作，核心课程还强调了与学前教育与基础教育人员在本地课程开发中合作的重要性。

芬兰的学前教育是集教育、指导和保育三部分为一体的整体，旨在支持儿童的学习和福祉。这三个维度根据儿童的年龄和个体差异有不同的侧重，教育和指导儿童融入一日生活的不同情境和活动中。芬兰的学前教育突出强调儿童的"横向能力"（transversal competence）。"横向能力"

的发展将促进儿童作为个体以及作为社区和社会成员的成长。《学前教育国家核心课程》定义了五个相互关联的能力领域:思考、学习能力,互动和自我表达能力,照顾自己和管理日常生活能力,多元文化素养和信息通信技术能力,参与和投入能力。《学前教育国家核心课程》对学习领域也进行了划分,并详细描述了教育活动的主要目标和内容,包括:丰富的语言世界、多样化的表达形式、我和我们的社区、探索与环境互动、我的成长和发展。日常活动中根据儿童的兴趣和能力整合不同领域,通常儿童的兴趣和问题是计划和实施活动的出发点。《学前班国家核心课程》中明确了学前班教育的任务是提升儿童的成长、学习与发展的条件。学前班的重要使命之一是确保儿童获得平等的学习机会,并为他们入学做好准备。学前班教育对提前了解儿童学习的需求情况和提供情况起到关键作用。学前班提供了与他人多样互动的机会,儿童通过积极的学习体验和支持性的反馈,建立起健康的自尊心;通过游戏和多样化学习环境中的互动,不同年龄、不同条件的儿童拓展了不同领域的知识和技能。

根据《学前班国家核心课程》,学前班教育的"横向能力"包括:思维与学习能力,互动与自我表达能力、多元文化能力、照顾自己和日常生活管理能力、信息与通信技术能力、参与及投入能力。这些横向的领域相互关联,在学前班教育期间均受到重要关注,以支持儿童的整体发展,并为他们未来的学习和社会参与做好准备。学前班的指导目标和学习模块包括五个方面的内容:多样的表达形式、丰富的语言世界、我和我们的社区、探索与环境互动、我的成长和发展。指导目标是学前班教育中不同领域知识和技能的目标,并整合了"横向能力",是指导教师的工作目标。

第四章

外部层面：高质量学前教育服务的管理

一、中央—郡（县）—市（自治市）三位一体的管理结构

　　北欧国家普遍采取中央—郡（县）—市（自治市）的层级管理结构。中央层级由国家的教育和研究部门负责，制定学前教育的政策和法律框架，并负责确保全国范围内的一致性和标准化。国家层面的主要责任包括制定学前教育法规、提供经费支持、制定学前教育的课程指南和学习标准，以及通过国家机构对学前教育进行监督和评估。在郡（县）层级，通常由郡长（县长）代表国家政府来实施和监督国家政策。郡长（县长）是学前教育的地方代表，负责确保国家政策在地方层面得到执行。他们协调学前教育政策，提供指导和支持，并确保学前教育的质量和合规性。在市（自治市）层级，学前教育的具体实施由各个市（自治市）负责。市政府或自治市政府作为学前教育的地方管理机构，负责运营和监督学前教育中心（幼儿园）。他们负责提供学前教育服务，雇佣幼儿园教师，制定地方政策和规定，监督幼儿园的质量，确保幼儿园符合国家法规，并与国家层级的机构保持沟通和协调。

瑞典《教育法案》规定"自治市必须系统地解决幼儿教育的质量问题"，这就意味着各市政当局、幼儿园园长和教师必须决定如何评估幼儿教育质量、如何记录幼儿的学习过程以及如何对国家课程目标的达成情况进行追踪。瑞典的教育与研究部所辖的国家教育局由中央政府授权对学前教育进行直接管理，主要任务是对学前教育相关事务进行全国范围内调查研究、评估并发布相关报告。地方政府有高度的自治权，根据本地区的具体情况制定相应的教育目标、财政预算、人员配备、具体质量评估标准等。

挪威教育与培训理事会负责教育质量的监督，并为郡、市政府履行监督责任制定了相应准则。准则主要对市政府如何制定和执行监督计划进行了详细规定。郡政府需协助所辖各自治市建立联络，进一步提高监督质量和公开监督信息。1975 年的《日托机构法案》中明确规定，对幼儿园的检查和监督责任由郡和自治市共同承担。2005 年的《幼儿园法案》进一步明确了各市需对辖区内幼儿园进行监管，各郡则负责监督所辖市的学前教育工作的履行情况。其中第十六章规定，如辖区内幼儿园出现质量不合格或非法情形，市政府有权责令其整改，甚至短期或永久关闭，但涉及关闭的决定须报至郡政府并可提起上诉。郡政府根据具体情况向自治市和幼儿园提出指导意见，并到幼儿园调查市政府的决定是否依法合规。挪威有一半的市政办园，这意味着对于这些幼儿园，市政府扮演着双重角色，既是监管当局又是服务提供者。

以学前教育质量评估机制为例，各国教育部负责制定评估的目标及框架，包括相应的国家标准、评估框架、管理条例及行动部署等。评估结果通过国家数据库、评估报告、学校检查报告和结果"公开比较"的形式进行公开。①

在国家层面，除冰岛外的所有北欧国家都设置了专门执行机构，负责全国幼儿教育质量评估与管理（见表1）。具体职能包括：

一、发布评估官方数据与指导方针、开展外部质量评估、监督和管理。如，负责教育领域国家级评估的芬兰教育评估中心在2016年开展了两个全国范围的评估项目，"幼儿教育新国家核心课程评估"项目旨在对新修订的课程指南进行评估，该指南在2017年生效。"幼儿教育服务提供者质量管理支持"项目旨在给予不同层次的幼儿教育提供者提升质量的信息和工具。②

二、开展相关研究，提供信息服务。如，丹麦评估研究院自2007年起将挪威、瑞典、丹麦三国发表的有关幼儿教育的研究成果进行记录和评估，并将有关"高质量"的研究纳入"北欧幼儿教育数据库"。该数据每年更新一次，并向教师、学生、研究人员、教育管理者和决策者开放。③

三、评估配套材料和工具的开发。挪威教育与培训局是教育与研究部的执行机构，负责国家幼儿教育政策的实施，同时开发用于支持幼儿园高质量工作的知识库和指导材料。其中包括与《幼儿园框架计划》相匹配的材料和工具及质量体系，为本国幼儿教育服务质量的评估和提升提供方向性指导。值得一提的是，芬兰教育评估中心于2019年发布了

① OECD. Reviews of evaluation and assessment in education-Sweden[EB/OL]. (2011-2)[2022-12-8]. https://www.oecd.org/sweden/47169533.pdf.

② Lazzari A. The current state of national ECEC quality frameworks, or equivalent strategic policy documents, governing ECEC quality in EU Member States[EB/OL].(2017)[2022-12-15]. https://nesetweb.eu/wp-content/uploads/2019/06/AHQ4.pdf.

③ European Commission. Proposal for key principles of a quality framework for early childhood education and care[EB/OL].(2014)[2022-12-15]. https://www.value-ecec.eu/wp-content/uploads/2019/11/ecec-quality-framework_en.pdf.

表1 北欧国家法律文件、课程指南和评估机构对学前教育质量及评估的相关规定

	瑞典	丹麦	挪威	芬兰	冰岛
国家法律文件及相关规定	《教育法案》(Education Act, 2010) * 学前教育工作需系统且高质量	《日托法案》(Day Care Act, 2019) * 各自治市准备质量报告，列本市学前教育与保育体系的发展状况并进行描述 * 评估目标和指南由市议会决定 * 有关课程教学的评价至少两年一次 * 评估需以《日托法案》中规定的教学目标为依据，包括对学前教育的学习、儿童的福祉、学习、发展与教育的关系的评价 * 园长/教学负责人有责任创造良好的评估氛围，即利于学习的环境	《幼儿园法案》(Act on Kindergartens, 2020) * 评估的在于确保教育活动在国家框架内开展 * 儿童有机会定期参与日托中心评估活动	《幼儿教育和保育法案》(Act on Early Childhood Education and Care, 2018) * 学前教育评估的目的在于确保该法案的实施，支持学前教育的发展、学习与福祉与儿童的发展、学习与福祉的条件 * 公、私学前教育服务的供应者需对自己评与他评进行自我评与核心评估，并公开核心评估结果	《学前教育法案》(Preschool Act, 2008) * 学前教育需定期进行内部、外部评估，其目的在于了解学生发展学校活动、学生发展与成绩，确保学校活动在法律框架内进行 * 各自治市需负责学前教育的管理，并向教育质量评估和管理、机构自我评价及报学前教育发展，科学自治市外部评价数据，学前教育质量提升的相关政策和计划

续表

	瑞典	丹麦	挪威	芬兰	冰岛
国家课程指南及相关规定	《学前课程》(Curriculum for the Preschool, 2018) * 评估的目的是为了了解学前教育活动的组织、内容与实施的质量 * 规定了教师、员工和园长的职责 * 质量评估应从儿童的角度出发,儿童、父母应参与评估的过程,并重视他们的意见 * 儿童的学习和发展必须系统地进行评估,记录与分析	《强化教育学课程》(Strengthened Pedagogical Curriculum, 2018) * 教学负责人有责任确保教学环境和儿童福祉,以及教养之间关系的连续性发展及记录,目的在于评估性学习环境	《幼儿园框架计划》(Framework Plan for Kindergartens, 2017) * 评估的目是衡量教学实践是否符合现行法律法规 * 必须动态评估幼儿的福祉和发展。因此,评估不能仅是描述性的,还应包括根据相关管理文件和观察质量记录开展和批判性分析 * 日常互动质量是衡量儿童学习与发展状况的重要条件	《学前教育国家核心课程》(National Core Curriculum for Early Childhood Education and Care, 2018) * 包含学前教育与保育的国家评估标准和指南 * 规定需对每个儿童制定个性化方案,并根据其能力发展进行定期评估	《学前教育国家课程指南》(National Curriculum Guide for Preschools, 2011) * 每个学前教育机构需对其活动的效果和质量进行系统评估,还包括幼儿教育人士、儿童和家长的参与情况 * 内部评估包括为满足儿童的教育需求而开展的活动 * 评估需以儿童的兴趣、技能和能力为出发点;特别要对儿童的独立性,兴趣、社会技能和创造性能力,室内外游戏的参与和团结能力,主动交流表达能力进行评估
国家评估机构	* 瑞典国家教育局 * 瑞典学校监察局	丹麦评估研究院	挪威教育与培训局	芬兰教育评估中心	由冰岛教育局代表教育、科学及文化部负责评估,未设相关机构
质量评估专门指导文件				《幼儿教育和保育质量评估指南与建议》(Guidelines and Recommendations for Evaluating the Quality of Early Childhood Education and Care, 2019)	

资料来源:作者根据北欧各国法律文件、课程指南整理。

《学前教育质量评估指南与建议》，这是目前北欧国家中唯一以单独文件的形式对评估的实施作了系统的规定：评估的目的在于提升质量，需以目标为导向并以可观测的指标来说明目标是否达成；过程性和发展性评价比结果更重要；评估的过程中可以收集一些比较数据，不是为各早期教育机构进行排名，而是为更好地发展地方实践。[①] 该文件还提出了可作为评价标准和评价工具的评价指标及模型。在地区层面，各国通过法律的形式规定了郡、市政当局的主要职责。郡的责任是保证中央政府有关幼儿教育评估的相关政策在市级层面的贯彻与落实，同时对市政当局质量评估工作进行监管并向教育部汇报；市政当局承担幼儿教育评估政策的落实、具体实施的责任。

二、制度化的财政保障体系

（一）充足的公共经费支持

北欧国家采取国家、市政和家庭三方共同承担的投资模式来支持学前教育。学前教育机构主要依靠公共经费的支持。如瑞典 2011 年幼儿园的经费来源中只有 7% 来自家长缴纳的保教费，其余部分均由市政府承担。平均而言，幼儿园生均运行经费约为 122300 瑞典克朗一年。以公立幼儿园为例，市政府每年花费的生均经费约为 123600 瑞典克朗，其中基础设

---

① Finnish Education Evaluation Centre. Guidelines and recommendations for evaluating the quality of early childhood education and care[EB/OL].(2019)[2022-12-12]. https://karvi.fi/wp-content/uploads/2018/10/FINEEC_Guidelines-and-recommendations_web.pdf.

施要花费 17300 瑞典克朗，人员支出为 89900 瑞典克朗，而市政府花在私立幼儿园的费用也高达生均 108300 瑞典克朗。① 2012 ～ 2015 年，挪威家庭在学前教育成本分担中所占的比例均低于 15%。② 芬兰国家、自治市和家庭承担学前教育服务支出的比例分别为 30%、56%、14%。国家向每个自治市提供的确切资金金额根据 0 ～ 6 岁居民所占比例来确定。平均而言，自治市教育资金中约有 26% 用于学前教育和儿童照顾服务。③

北欧国家郡（县）和自治市的主要收入来源包括地方税收、一般拨款、专项拨款和其他收费。一般拨款是中央政府对每个地方政府单位的一次性转移支付，在挪威由地方政府和现代化部负责管理。2016 年，挪威地方税收占总收入的 40%，随其后的是一般拨款占 34%，其他收费占 14%，专项拨款占 5%。自治市主要通过所得税获得大部分税收收入，同时也有财产税、自然资源税等收入。④ 大部分一般拨款最初是按人均拨款分配的。为确保所有自治市有足够的资金为居民提供充足的服务，需要根据支出需求机制进行再分配，进而补偿与人口特征和人口密度相关的非自愿成本，向小规模和人口稀少的自治市倾斜。税收收入直接由居民支付给自治市和郡（县）。由于地方税收收入在各个自治市之间存在显著差异，因此需要通过再分配来确保全国各地的公共服务水平相当。此外，一部分一般拨款按照与区域和城市政策有关的标准进行分配。另有一小部分拨款由县长根据当地需求进行分配。整个制度旨在实现地方政府的

---

① 江夏. 儿童福利视角下瑞典学前教育公共支出政策内容、特征及启示 [J]. 学前教育研究，2018(03):3-12.

② 宋丽芹. 挪威高质量普及学前教育的制度保障及启示 [J]. 外国中小学教育，2019(04):10-18.

③ European Commission. https://eurydice.eacea.ec.europa.eu/national-education-systems/finland/early-childhood-and-school-education-funding.(2022-08-23)[2023-07-27].

④ European Commission. https://eurydice.eacea.ec.europa.eu/national-education-systems/norway/early-childhood-and-school-education-funding.(2022-08-23)[2023-06-27].

灵活性，确保高水平公共服务，并优化资源利用。

（二）家庭可享受多种福利补贴

北欧各国对学前教育家庭提供了多种福利补贴，以帮助他们分担学前教育的费用。这些福利补贴的具体名称和内容因国家而异，主要包括：用于支付孩子在公立或私立学前教育机构的学费和其他费用的学前教育补贴；对需要额外托儿服务的家庭，用于补助支付孩子托育费用的托儿补贴；用于贴补生活费用和部分学费的生活补贴；为父母减轻经济负担的税收减免；用于孩子生活和教育费用的子女津贴等（详见表2）。

挪威的幼儿园法规定，幼儿园学费的上限由政府的年度预算决定。2019年上半年，父母承担的最高学费为2990挪威克朗（约合人民币2369元）；下半年为3040挪威克朗（约合人民币2408元）。家庭的第一个孩子在幼儿园的学费支出上限为家庭总收入的6%。如果有第二个孩子，学费应获得至少30%的减免，第三个及之后的孩子学费应获得至少50%的减免。市政府有责任为困难家庭提供学费减免计划，包括私立幼儿园。在一些人口密集的城市，2011年有21%的自治市实行了收入分级学费，收入上限存在较大差异。在没有收入分级学费政策的地方，也有相应的社会援助计划，用于对学费进行减免。为确保低收入家庭的幼儿能够享有同等的入园机会，挪威实施了"调节计划"（moderation scheme）。截至2019年8月，家庭的年总收入低于548167挪威克朗（约合人民币43万元）的家庭将享受这一计划。此外，这些家庭还将获得每周20小时的免费在园时长。[①]这些措施旨在帮助低收入家庭获得更多的入园支持和福利。

---

① 霍琳.从普及到优质：挪威学前教育模式的形成与特点 [J].河北师范大学学报（教育科学版），2020, 22(06):95-101.

表2 北欧国家儿童福利

	瑞典	挪威	芬兰	丹麦	冰岛
健康医疗	20岁下的免费医疗（包括牙齿保健）	18岁以下免费医疗（包括牙齿保健）	18岁以下免费医疗	每个合法居民都可获得免费医疗（18岁以下牙齿保健免费）	* 18岁以下免费医疗
生病儿童（及家长）权利	* 12岁以下每孩每年120天 * 80%工资	* 12岁以下每孩每年20天 * 100%工资	父母有权在家照看生病孩子		* 13岁以下每孩每年12天 * 照看长期生病的孩子可获得9个月80%工资
儿童福利津贴	16岁以下每孩每月1050瑞典克朗	18岁以下每孩每月970挪威克朗	* 在职父母有权在育儿假结束后缩短工作时间，直至孩子入学后第二学年末 * 3岁以下幼儿的父母有权享受部分时间工作，部分时间照看子女的流动津贴 * 每周最多工作22.5小时或正常全职工作时间的60%的父母，每月可获得244.18欧元的津贴 * 每周最多工作30小时，或正常全职时间的80%的父母可获得162.78欧元津贴	* 0~2岁：每孩每年17772丹麦朗 * 2~6岁：每孩每年14076丹麦克朗 * 7~17岁：每孩每年11076丹麦克朗	为低收入家庭提供儿童津贴，根据家庭收入、孩子数量及年龄确定额度

	瑞典	挪威	芬兰	丹麦	冰岛
入园方式及花销	* 3~5岁儿童每周15小时免费时长 * 家长支付的费用与孩子的数量成正比，与家长的收入成反比 * 费用最高可为家庭月收入的3%，但是不能多于1260瑞典克朗	* 最高2480挪威克朗 * 低收入家庭可获得减免	每孩每月根据家庭收入状况在28~206欧元之间（2021年数据）；也根据家庭孩子数量和在园时长变动	最高2551丹麦克朗，包括午餐	* 花费因地而异 * 包含餐食 * 未能在幼儿园获得学位的幼儿，可获私人日托所补贴
不上幼儿园儿童可获得的福利保障	每月3000瑞典克朗的免税额	* 不享受任何幼儿园服务的家庭每孩每月可获得6000挪威克朗的补贴 * 每周享受幼儿园服务低于20小时，家庭每孩每月可获得3000挪威克朗的补贴	* 3岁以下未享受幼儿园服务的家庭均可获得家庭津贴，领取时间是父母育儿津贴支付结束后。 * 2022年9月4日之前和2022年9月4日及以后出生的幼儿具体领取规定有所不同。	需要语言支持的家庭（非母语家庭）的儿童每周可获得每周15或30小时的语言项目	无

资料来源：Garvis. S., & Ødegaard. E.E.(2018).Introduction. In Garvis. S., & Ødegaard(Ed.), Nordic Dialogues on Children and Families(pp1-9). Oxon: Routledge. 作者做了部分数据更新

此外，不享受任何幼儿园服务的家庭可获得每孩每月 6000 挪威克朗（约合人民币 4000 元）的补贴；每周享受幼儿园服务低于 20 小时，家庭每孩每月可获得 3000 挪威克朗（约合人民币 2000 元）的补贴。其他国家如瑞典的父母则可以获得每月 3000 瑞典克朗（约合人民币 2000 元）的免税额。丹麦为不同年龄的幼儿提供不同额度的儿童福利津贴，最高每孩 17772 丹麦克朗（约合人民币 18700 元）。冰岛为低收入家庭的儿童提供福利津贴，额度根据家庭收入、孩子数量及年龄确定，为未能在幼儿园获得学位的幼儿，提供私人日托所补贴。[①]

此外，北欧国家还有非常慷慨的育儿假制度，旨在鼓励父母积极参与孩子的早期成长，使他们能够在工作和家庭之间实现平衡。长期的低生育率会加速人口年龄结构老化，使人口总量陷入负增长，影响社会经济的可持续发展。面对挑战，不少低生育率国家出台了直接或间接鼓励生育的政策，但效果却差异很大。北欧因其育儿假制度常被认为是家庭友好型社会的典范，为其他国家提供了可借鉴的模型。2021 年芬兰更新了育儿假制度，赋予所有新生儿父母休育儿假的权利，无论其性别或是否为孩子的亲生父母。根据规定，每位父母允许休假 164 天。单亲父母可以休双倍时长，即 328 天。丹麦的新生儿母亲总共有 18 周的全薪产假：产前 4 周，产后 14 周。在 14 周期间，父亲还可以连续休息两周。此外，父母可以再享受 32 周的分散休假，如遇到孩子或父母身体不适，可以将假期再延长 14 周。瑞典的新生儿父母有权享受 480 天的假期，期间收入为正常工资的 80%。母亲需休满 18 周，之后父母可以随意分配休假时间。其中还包括父亲 90 天的带薪陪产假，目的在于促进父亲和孩子之间的联系。冰岛允许新生儿父母共享 12 个月的产假，即妈妈 5 个月，爸爸 5 个

---

① 参考资料：Garvis. S.,& Ødegaard. E.E.(2018).Introduction. In Garvis. S.,& Ødegaard(Ed.), Nordic Dialogues on Children and Families(pp1-9). Oxon: Routledge.

月，接下来的两个月由夫妻自己决定如何分配。挪威拥有灵活而慷慨的休假制度，父母可以选择是全薪 49 周还是 80% 薪 59 周。年轻的父母可以选择休全薪 49 周获取更多的经济收入，或者选择休 59 周有更多的时间陪伴孩子。此外，每名父母每次生育都有权享受一年的无薪假期，该假期必须在第一年结束后直接开始休，养父母也有权享受此权利。此外，母亲必须在预产期前三周休育儿假。

三、建设质量监督与评估体系

（一）内外结合的监督与评估机制

北欧国家采用内外结合的监督评估机制，旨在全面了解学前教育的各个方面，确保教育质量的提高和持续改进。

外部评估通常由教育部门、监管机构或独立评估机构负责。外部机构会对学前教育机构进行定期的审查和评估，以确保它们符合国家法规和教育标准。外部评估还会对学前教育机构的教学质量、教师培训、教学环境等方面进行全面评估，并提供改进建议和指导。国家与地方层面的学前教育质量监督机构及其职责已在上文有所提及。

学前教育机构的内部评估，主要依据课程指南，幼教机构的负责人需对评估全面负责，主要内容包括教育和组织规划、实施、跟进以及教学和活动的开展。内部评估通常从管理层面和教学层面展开。芬兰《学前教育质量评估指南与建议》规定提供幼儿教育服务的机构必须具备运作良好的质量管理体系，通过质量评估改进教学活动以及不断完善服务质量。学前教育机构需在管理层面创建有效的质量管理及评估制度；定期、系统检测和评估幼儿教育和保育质量，包括教学计划以及以不同方式实施的过程；确定评估方法和数据发布渠道；确保幼儿和监护人参与评估；基于评估改进和完善服务质量；参与外部评估。

在教学层面的自我评估包括：管理者和教职工的自我评估需是目标导向、有策略、不间断进行的；为幼儿及其监护人提供参与评估的机会；评估内容聚焦于教学活动和学习环境；评估目标的确定需参考国家政策文件、专业知识、研究成果及幼儿教育质量指标；对国家核心课程、本地课程及幼儿教育计划实施的评估需幼儿及其监护人共同参与；根据评估结果改善教学质量、引领发展。[①]表3为瑞典各级评估机构和职能安排。

表3 瑞典各级评估机构和职能安排

级次	机构	职能
国家	瑞典议会及政府 瑞典国家教育局 瑞典学校监察局	确定《教育法案》和《学前课程》中的质量目标 制定质量评估指导方针 组织外部评估
市	学校系统的主要组织者	负责质量评估工作的系统计划、监督和推进
幼儿园	园长及教师 家长及幼儿	负责本园全面质量评估工作 参与评估

（二）采用多元的评估手段

在评估过程中，各国根据评估的目标、内容的不同而采用不同的定量或定性的评估方式。

文档记录（documentation）是最常用的一种方法，包括教学记录、

---

① Finnish Education Evaluation Centre. Guidelines and recommendations for evaluating the quality of early childhood education and care[EB/OL].(2019)[2022-12-12]. https://karvi.fi/wp-content/uploads/2018/10/FINEEC_Guidelines-and-recommendations_web.pdf.

教学档案、教学日记、家长问卷以及不同类型的相关证据和标准化的文件、表格等。此外，还有针对个别儿童的经验采用的观察、访谈、儿童作品等方式。

与此同时，北欧也借鉴、开发了标准化评价工具并广泛应用，试图通过确定和测量高质量幼儿教育中结构和过程变量的关键要素，发现其与儿童发展之间的关系。常用的工具包括幼儿学习环境评量表（ECERS-3）、婴幼儿学习环境评量表（ITERS）、课堂互动评估系统（CLASS）、幼儿语言发展二具（TRAS）等。

以挪威为例，2015 年 OECD 的报告中指出当时对幼儿园质量的评估不够充分。因此，应制定质量评估体系，以防止出现严重的局部质量差异。OECD 强调，"评估体系的建立需要使用可靠、客观和有效的工具来评估过程质量"。[①]2016 年启动了名为"为挪威儿童提供更好的幼儿教育与保育服务"（Better Provision for Children in Norway）项目。该项目借鉴了幼儿学习环境评量表（ECERS-3）和婴幼儿学习环境评量表（ITERS），以期开发用于全国范围内儿童早期教育与保育过程质量的评估工具。该项目后更名为"挪威儿童的好幼儿园"（GoBaN），是挪威学前教育领域迄今为止第一个针对早期儿童教育与保育质量的大规模研究项目。

此外，各国在不同层面开发并修订了服务于不同目的的评估工具，如图 2 为 2019 年芬兰用于两个自治市的学前教育质量评估的模型，该模型开发于 1995 年，后根据《学前教育国家核心课程》及《学前教育质量评估指南与建议》进行了重新修订。

① Nordic Council of Ministers. Nordic approaches to evaluation and assessment in early childhood education and care[EB/OL].(2022-02-21)[2022-11-12]. https://pub.norden.org/temanord2022-512.

结构因素 内部因素 过程因素 效果因素

服务水平

可获得性

可负担性

丰富性

全纳性

结构因素：身心健康　设施的功能性　小组人数及结构　学习环境　教职员工和替代资源的组织状况

内部因素：有关政策和实践的信息交流　启发性的学习氛围　人员的专业性　内部交流　与家长的教育合作　领导力

过程因素：成人和儿童之间的互动　儿童之间的互动　儿童的参与　游戏和教学活动　教学过程性文件及教学评价

效果因素：儿童的积极体验　儿童的学习与发展　服务对象的满意度

图2　2019年芬兰用于学前教育质量评估的模型

（三）评估内容聚焦服务质量、师资质量及儿童发展

北欧幼儿教育质量评估内容主要包括三个维度：幼儿教育服务质量、师资质量以及幼儿发展和结果的质量。

服务质量是对幼儿福祉有益的重要因素。政府层面对服务质量的评估通常出于两个目的：第一，问责以确保幼儿教育服务符合最低质量标准；第二，在国家或地区收集数据，为决策和公众提供信息。在市级层面对幼儿园内部的评估一般是为了提高教职员工的工作效率、确定其培训需求以及确定儿童的学习需求并促进儿童的发展等。服务质量评估主要包括价值理念（能否反映社会的核心价值观，是否具备可获得性、有效性、全纳性等基本特征）、工作制度及组织安排（工作时间，在职培训制度及时间安排等）、组 / 班额及师幼比、安全标准、幼教机构的环境（玩具材料、设备等硬件条件）等结构质量要素。在挪威，服务质量的外部评估工具及方式由评估机构自行决定。常用的评估方法包括调查、检查表、对幼儿园员工和管理者的访谈、家长调查结果以及对幼儿园内部文件的分析等。挪威幼儿园需依据《幼儿园框架计划》制定年度计划，为教师组织教学活动提供具体指导。幼儿园可根据当地的具体情况以及儿童的需求自由选择内部评估的内容、范围和方式。

师资质量除教师的人员配备及专业发展（教师的学历水平、专业知识和能力、在职培训、激励机制）、与家长或监护人的合作（共同开展活动、教育指导）等结构质量要素外，还包括师幼互动（教师对幼儿情感和认知需求的关注、对幼儿的需求作出及时回应、对幼儿行为予以建设性支持、能采取多种方式支持幼儿发展）、教学领导力（教师领导教学的意愿和能力，通过共同领导而努力实现目标，为幼儿设计、实施和评估教学内容的能力）等过程质量要素。北欧国家评估师资质量的外部评估通常通过教育行政部门定期对教职员工的资质、教育质量、工作规划、专业能力等指标进行检查以及家长调查的方式进行。内部评估主要通过同行评议和测试的途径实现。如瑞典规定每五年对师资总体质量进行一次外部评估，每年至少一次内部评估。国家教育局每年对教职工的资格（教育/培训水平）进行评估。

OECD 的研究表明，评估儿童发展能更好地满足儿童的需要、引导和规范教师的行为、完善幼儿教育政策并促进儿童的发展。[①] 尽管北欧各国学前教育的法律法规及框架计划存在一些细微差异，但开展学前教育评估时，有着非常相似的价值理念和原则。如所有北欧国家都重视监督儿童发展的重要性，但不以具体的学习目标作为评价依据。质量评价需要参考多种因素，包括学习环境，教师能力水平，幼儿园是否满足框架计

① OECD. Staring stron≥ IV: Monitoring quality in early childhood education and care[EB/OL].(2015)[2022-10-12]. https://read.oecd-ilibrary.org/education/starting-strong-iv_9789264233515-en#page1.

划中强调的全面发展、民主、平等参与等目标与理念，等等。儿童发展评估一般通过在幼儿园内部进行持续观察的方式进行，由教师就儿童的阅读与计算能力、社会情感能力、实践能力、健康水平等指标进行评估，常用工具包括观察量表和观察记录等。此外还有叙述评估，即通过故事讲述、叙事、成长档案袋等方式促进以上能力的发展。OECD常用的其他外部直接评估的方式因经济、时间成本等原因在北欧国家采用较少。

（四）重视高质量的师资培养

北欧的学前教师教育始于19世纪末，受德国福禄贝尔运动的推动，作为欧洲女权运动的一部分，首先从芬兰、瑞典、丹麦三国开始。从历史上看，瑞典、丹麦、挪威和芬兰的教师教育项目更强调"北欧福禄贝尔"传统，而冰岛则受瑞典和美国共同的影响颇深。到20世纪中叶，越来越多的儿童开始进入幼儿园，起初的教师教育由教师自己负责，国家的影响微乎其微。自1970年以来，幼儿教师和教师教育者对幼儿园教育和学前教师教育内容的直接决定权逐渐被削弱。政府和市镇政务会等机构在确定幼儿园教育项目或各级教师教育及专业发展计划的结构和内容方面逐渐成为主导。

随着学前教育服务质量被提至政策议程，学前教育师资素质关乎学前教育服务水平及儿童的发展已在北欧各国获得普遍共识。北欧国家的师资队伍有两个基本来源：一是具备高等教育水平的教师，约占30%～60%；二是较低学历水平的教师。这两个群体都受雇于各3岁以下和3岁以上的学前教育机构，教师一般由学历较高的人担任。但各国对师资的具体要求也存在差异，如芬兰要求所有日托中心的教师必须取得相关专业的高等教育学位，如教育学士、教育硕士或社会科学学士；保育员需具备社会福利和医疗保健领域相关的中等专业水平资格；丹麦取得资格证的学前教育从业人员仅占 52%。[①]21 世纪以来，北欧五国分别对各自的学前教育教育进行了改革，尽管各国之间存在差异，但所有国家都高度重视学前教师的质量，一是对学前教师的资质和水平进行了规范和提升；二是为在职教师的专业发展提供了更多的学习机会。

1. 芬兰：重实践性、研究性导向，培养教师的综合素养

芬兰的教师教育方案是把理论与实践相结合，旨在培养高素质的探究型教师。基于研究的教师教育方案为教师未来更好地将理论和实践知识应用于学前教育工作打下了基础，也为教师更好地实现个人专业发展提供了可能性。此外，以研究为重点的教师教育方案重视教师的教学思维及决策能力的培养，包括在缺乏监督和指导的情况下自主工作和作出合理决策的能力等。[②]

在芬兰，专业的幼儿师资是由综合类大学（学前教育专业）或应用科技类大学（社会科学）培养的，均需完成学士学位课程。目前有很多获得硕士学位的学生从事相关教学或保育工作，很多幼儿园园长也具备硕士学位。目前，芬兰的早期教育分为两级，分别是日托中心（day care centers，0 ～ 5 岁）和学前班（pre-school classes，6 岁）。1917 年芬兰独立后，幼儿园由教育部门管辖，教育部门为幼儿园安排预算，保证其正常的教育教学活动。1927 年，幼儿园被划入社会福利部门管辖。这一时期，"幼儿园"（Kindergarten）一词逐渐被"日托中心"替代，名称上的这一改变表明芬兰早期儿童教育和保育的重点放在了支持家庭养育、看护儿童上，早期教育成了次要任务。1973 年《儿童日托法案》（The Art on Children's Day Care）的颁布，从立法上强调日托中心和教育部门、社

---

① Karila, K. A Nordic perspective of on early childhood education and care policy. European Journal of Education, 2012, 47(4), 584-595.

② Kansanen P. Constructing a research-based program in teacher education[M].Competence oriented teacher training. Brill, 2006: 9-22.

会福利部门的多重合作，随后 30 多年里，芬兰早期儿童教育亦在这一理念下运行。2006 年，《儿童日托法案》新增了一项条款，即各地城市要将日托中心的管辖权，从社会福利部门转交至教育部门。到了 2010 年，全国范围内已有 50% 的日托中心成功将管辖权转至当地教育部门，于是在这一年，国家发布公告：日托中心的管辖权必须从社会福利部门下属的社会事务和健康部移交至教育部。2013 年 6 月，整个学前教育系统的管理和指导权移交给了教育和文化部门。

2018 年新修订的《学前教育法案》规定，需对每个儿童制定个性化方案，并根据其能力发展进行定期评估。儿童的个性化方案须包括与儿童学习与发展相关的优势和目标，以及实施行动和对上述要素的评估方式，教师负责个性化方案的制定。

伴随着芬兰社会对学前教育理念的变化，在 20 世纪 70 年代，芬兰开始对教师教育进行改革，引入了硕士学位教师教育，并逐渐增加了教育理论和方法论课程，使得研究型教师教育成为可能。这一改革是为了提高学前教师的专业水平和教学质量，以适应当时社会和教育发展的需要。以"研究取向"为基础意味着教师教育的所有课程都与研究相结合，旨在培养有能力将研究运用于教学的自主反思型教师。学前教师需要具备扎实的专业知识和教学技能，同时还需要具备研究能力和反思能力，能够不断地改进和提升自己的教学实践。研究方法类课程的设置旨在要求学生掌握研究方法相关知识并灵活应用，培养批判性阅读和论文撰写能力。与此同时，教学能力的培养贯穿全过程，学生在教学规划、实施和结束后都需要反思和评价，以不断提升教学技能。实习是重要的环节，学生在实践中探究教育理论和教学方法，深化理论，并形成独特的教学风格。

随着社会对幼儿园教师的要求不断提高，除了传统的传道授业者身份外，教师还需要承担合作者、研究者、决策者等多重身份的责任。作为合作者，教师需要与同事、家长和社区密切合作，共同促进学生的综合发展。作为研究者，教师需要不断地探索教育实践和教学方法，寻求更有效的教学策略。作为决策者，教师需要参与学校和教育政策的制定和实施，为教育改革和发展贡献自己的智慧和经验。总体而言，芬兰的幼儿园教师培养着重于培养学生成为具有反思和研究能力的行动研究者，具备多种能力和素养的专业人才，使他们能够独立应对教学情境，解决实际问题，不断推进幼儿教育的发展。

2. 冰岛：不断提升学前教师的学历层次，优化课程结构

冰岛的学前教育可以追溯到城市化开始时，第一个日托中心是由"Sumargjöf"发起成立的，这是一个由妇女联盟设立的私人组织，旨在为贫困儿童提供庇护、温暖和营养餐食，确保他们的身体健康和卫生条件。当时这些日托中心的工作人员往往不具备专业背景。Sumargjöf 不仅是冰岛早期儿童教育的先驱，还开创了学前教师教育的先河。在开设这些日托项目后，他们意识到日托中心需要受过培训的合格的教师。1946年，他们创立了学前教师教育学校。在此之前，只有极少冰岛妇女在丹麦、瑞典和美国进行过学前儿童工作的正规培训。学前教师教育学校的成立标志着冰岛学前教师和学前教师教育专业化的开始。最初，该计划包括两个为期 9 个月的培训阶段，知识学习和现场实践各占一半。1954年，该计划延长为两年，知识学习每年各占 9 个月，夏季进行现场实践。[①]

Sumargjöf 的初衷是希望政府能够接管学前教师教育学校，这一愿望在 1973 年得以实现，冰岛学前教师学院成立，这是一个由教育部正式管理的政府机构。学前教师教育为期三年，包括理论和实践研究。直到1997 年，学前教师学院一直是冰岛唯一提供专门学前教师教育的学校。

---

① Einarsdottir J. Training of preschool teachers in Iceland[J]. University of Iceland. Retrieved May, 2011(15): 2021.

学前教师学院与冰岛教育大学合并后，1998年首批获得学士学位的学前教育学生毕业。1996年，冰岛阿克雷里大学（位于北冰岛的一所小型大学）在教育系开设了学前教育项目，这意味着学前教师的教育完全成为大学水平的教育。将学前教师教育提升到大学水平的决策主要考虑了经济和专业因素。

由于义务教育教师的教育已经在大学水平进行了20多年，人们认为将学前教师教育也提升到大学水平将为学前教育领域带来更多的自主权。学前教育的学生可以选择更广泛的课程，可以与其他学段的教师教育相结合，如学前教师和小学教师教育可以有一些共同课程；此外还可以增加不同层次学校和学生、教育者之间的互动，为彼此带来新的见解。同时，将学前教师教育提升到大学水平也是为了改善学前教育学生的学习条件，他们可以更好地利用图书馆和其他资源，以提升自身的研究能力。这个决策旨在提高学前教师的专业水平和教育质量，以更好地满足儿童的教育和发展需求。

学前教师教育在提升到大学水平并成为普通教师教育的一部分后，尽管教育目标仍然是为学生未来从事6岁以下儿童的教育工作做准备，但课程的结构和内容发生了相当大的变化。同时，冰岛颁布了国家学前教育课程，取代了之前的学前教育教学计划，这对学前教师教育的课程设置也产生了重要影响。在升格为大学水平后，三年制学前教师教育变得更加理论化，其中90个学分中有15个学分是所有教育专业学生共同学习的基础课程。除了所有学生共同学习的基础课程外，学前教育课程还分为三个模块：① 21个学分的学前教育课程，包括游戏、学前教育的最新趋势、全纳教育、文档记录以及不同学段之间的过渡。② 24个学分的学前教育领域的课程，如运动、语言、艺术、音乐、自然与环境、文化和社会。其重点在于各领域的教育教学知识，旨在使学生能够规划涉及这些领域的教育项目，并将游戏作为关键要素。③ 18个学分的学前实习。

此外，还有选修课程和毕业论文。[①] 这也意味着学前教育从保育和看护为主向正规化教育的转变，学前教育的地位和话语权也逐渐受到重视。

在2006～2007年间，冰岛教育大学开始根据博洛尼亚宣言对其课程进行修订。同时，冰岛教育大学与冰岛大学合并的准备工作也已着手进行。在这一时期，学前教育教学计划的主要变化包括：①将小课程合并为10个学分的大课程；②规定学士学位的学习年限为三年，硕士学位的学习年限为两年；③为学前和义务教育的学生教师开设联合课程；④将实践与学术课程相融合，以加强理论与实践之间的联系，并与特定合作学校签订合同，学生在前两年内完成所有实习；⑤以能力定义课程目标。此外，为了满足博洛尼亚宣言，进一步整合课程，一些原本重视艺术和音乐等创造性课程的内容也有所减少。根据2008年的法律规定，从2011年7月1日开始，冰岛的教师教育需要进行为期五年的培养。其中规定，学前教师教育硕士学位的一半课程，即至少90个学分应该专注于学前教育领域。

冰岛学前教师培养经历了"三级跳"，从在大学学院的三年课程改为与其他学段教师教育相衔接的综合大学四年学士学位课程，再到研究型大学的五年制硕士学位课程。今天，只有那些拥有认可大学硕士学位并获得教育、科学和文化部许可证的人才能使用"幼儿教师"的职业头衔。然而，学前教师门槛的不断升高也为冰岛学前教育的发展带来了一些挑战。其中主要问题之一是作为所有学校层次教师教育的一部分，学前教师教育可能会失去其特殊性，变得更像义务学校教师的教育。从2011年开始，要求获得5年制硕士学位可能会导致学前教师的毕业人数进一步减少，于是越来越多的幼儿园工作将由技能不足或半熟练的员工

---

① Einarsdottir J. Training of preschool teachers in Iceland[J]. University of Iceland. Retrieved May, 2011(15): 2021.

来完成。冰岛大学学前教师教育的教育工作者已经意识到这些挑战，并试图通过建立强大的研究团队来应对这些挑战。研究者们倡导学前教师教育需尊重学前教师角色的特殊性和关键性，以及北欧幼儿园特色的社会教育方法，把重点放在创造性、主题教育、关怀以及与幼儿和成年人合作中的游戏学习上。

3. 挪威：多种渠道提升教师的能力

挪威的幼儿园教师教育经历了从 20 世纪 30 年代在瑞典、丹麦和德国参加短期的"福禄贝尔研讨会"到为期两年的私立机构培训，最终于 1980 年开设了学士课程三个阶段。目前挪威幼儿园教师教育以 3 年全日制或 4 年非全日制的学士学位课程为主。

幼儿园教师的主要培养机构是大学或大学学院，在国家框架内可以灵活设置课程并与各类学前教育机构建立联系，为学生提供见习和实习的机会。2012 年，挪威教育与研究部为幼儿园教师教育制定了新的国家课程标准。主要变化之一是，将 10 个不同的科目合并为 6 个"知识领域"。在每个领域中，都把理论课、教学法、教学和实践在内容和组织方面进行整合。

挪威的幼儿园主要有三种岗位，园长（head teacher）、教师（pedagogical teacher）和助教（assistant）。《幼儿园法案》中对教师的任职资格和师幼比做了明确的规定。所有幼儿园的园长和教师均需具备三年的大学学士学位，且需是幼师专业或其他幼儿工作相关专业。尽管对助教的任职要求并未做具体的规定，但需完成四年职业教育课程，其中包括两年的职业培训期和两年实习期。教师与助教的比例常为 1∶2，3 岁以上幼儿的最低师幼比是 1∶13～1∶18，3 岁以下幼儿的最低师幼比是 1∶7～1∶9。幼儿园教师的素质是提升幼儿园质量的关键，近年来挪威采取了一系列举措旨在吸引更多人从事幼教行业以及促进教师的专业发展。

第一，短期课程和学分认证助推幼师队伍发展。教师数量不足是近年来挪威学前教育面临的挑战之一。为了解决这一问题，挪威通过短期课程或学分认证等方式支持在职教师的专业发展，鼓励其他相关专业的学生进入幼教行业。如具有大学水平教育相关专业的幼儿园行政人员只需修完幼儿园教育60欧洲学分，即可成为合格的幼儿园教师。

第二，启动多种目标战略提供更多教育机会。为稳定教师队伍，基于《幼儿园胜任力2007～2010年》及《幼儿园教师招聘的国家战略2007～2010年》两个文件，挪威教育与研究部于2011年启动了名为"GLøD"的国家级项目，旨在选聘具备更高能力的幼儿园教职工，以及提升现有教职工的专业能力。在延续GLøD的基础上又开发了2014～2020年长期战略，目的在于提升未来幼儿园教师的能力。2014年共450名园长参与了其中某继续教育项目，并完成了30学分的硕士课程。该战略也为教师和助教提供了多种提升专业能力的机会，全国的教师都可以学习15学分的能力提升课程以及基于工作的、非全日制学士学位课程（挪威语Arbeidsplassbasert barnehagel æ rerutdanning, ABF/ABLU，以下称ABF/ABLU课程）。[①] 之后又启动了《2018～2022年能力和招聘修订战略》（Kompetanse for fremtidens barnehage），该战略旨在增加学前教师及保育员人数，为幼儿园所有的教职员工提供追求持续专业发展的机会，使更多的幼儿园教师具备获得硕士学位的能力，使幼儿园能够通过提升其专业能力来发展教学实践。通过提供在职培训等方式，满足了幼儿园工作人员进一步接受培训的需求。在2019～2020学年，367名幼儿园园长参加了在职培训。校长培训课程是一项针对幼儿园园长的管理培训课程。同一学年，教育和培训局为900名幼儿园教师提供了继续教

---

① Taguma M, Litjens I, Makowiecki K. Quality matters in early childhood education and care: Norway[R]. Paris: OECD Publishing, 2006.

育，培训内容包括学习环境和教学领导力、科学和数学、语言发展和语言学习。[①]

为吸引更多人从事幼儿园工作，2012～2014年，挪威教育与研究部在全国范围内发起了"世界上最美好的工作仍在空缺中"（the best job in the world is vacant）的招募活动。活动的激励和多种地方性措施的采取，促进了地方GLøD网络的建设。如在阿克斯胡斯，GLøD的合作伙伴参加了当地教育展并为学前教育专业大三的学生组织了职业生涯日。600多名助教在2010～2013年间于阿克斯胡斯大学学院完成了15学分的"指南针"（挪威语Kompass）课程，其中还包括很多男助教和双语助教。此外，阿克斯胡斯大学学院还为幼儿园所有者提供了15学分的教学监督课程，为部分从事管理工作的幼儿园教师提供了领导力课程。2014年，共60名学生从该课程结业，同时另有110名学生报名参加。[②]

第三，增加男教师比例。挪威在2000年的"性别平等战略"中，曾预期将男教职工的比例提高至20%，随后又出台了相关条例从招聘条件等方面向男性倾斜并取得了部分效果，男教职工从2003年的5.7%、2013年的8.4%升至2022年的10.2%（挪威统计局2023年7月发布）。尽管尚未达到预期目标，但与其他北欧国家相比，挪威的男性从业者比例相对较高。

第四，在教师教育机构与幼儿园伙伴合作中实现专业成长。2018年4月，挪威教育与研究部出台了《教师教育2025年——教师教育质量与

---

① Norwegian Ministry of Education and Research. Competencies for tomorrow's kindergartens: Revised strategy for competence and recruitment 2018-2022[EB/OL].(2017-09)[2023-04-02].https://www.regjeringen.no/contentassets/17bfd7a2d3ec437c9dee4d32c5068cf9/kompetansestrategi-for-barnehage-2018-2022_eng-rev.-01.10.19-004.pdf.

② Doherty G, Friendly M, Beach J. OECD thematic review of early childhood education and care: Canadian background report[M]. Her Majesty the Queen in Right of Canada, 2003.

合作国家战略》，挪威政府投入 4.45 千万克朗旨在发展教师教育与幼儿园（学校）之间密切合作关系[①]，进而提高教师教育质量。文件中明确了四个总体目标：具有学术挑战性和学有所获的课程；拥有学术过硬、组织良好的教师教育提供者；拥有具备丰富专业知识投入的幼儿园和学校作为合作伙伴；建立教师教育机构与幼儿园（学校）的互利合作关系。针对合作中的一些问题，如学院和实习幼儿园之间的沟通不足，缺少来自幼儿园的反馈等问题，挪威政府决定引入"教育学院与幼儿园 / 学校业主之间强制性合作协议"的制度，明确与实践培训相关的角色、责任和相互义务，以确保双方的合作质量。

4. 丹麦：个性发展和学术能力培养并重

丹麦的学前教育从业人员分为教师（pædagog）和保育员（pædagogmedhjælpere），他们共同为幼儿提供教育和照顾服务。教师的责任不仅包括促进幼儿的发展，还包括为幼儿提供日常生活的照顾。同时，教师还需要平衡关注幼儿个体的成长需求以及社会对未来公民的需求。

1992 年之前，教师主要是寄宿制机构中的青少年、身体残疾或存在社会问题的成人、为 3 岁以下幼儿提供服务的社会保育员、在业余学校和俱乐部及其他学校教育机构中工作的业余教师，以及在幼儿园中为儿童提供保育服务的保育员等。1992 年，以上人员统称为"教养员"。2001年教师的培养升至学士水平。2007 年颁布了《教师学习项目法》、2008年颁布了《大学本科教育法》，负责培养教养员的 32 所高等教育学院同其他约 70 所高等教育机构合并，更名为大学学院，实现了职前培养的学术性和实践性融合。如今，这些学院合并为七个更大的单位，称为大学

---

① Norwegian Ministry of Education and Research. Teacher Education 2025.National Strategy for Quality and Cooperation in Teacher Education[EB/OL].(2018-04-24)[2023-07-15].https://library.oapen.org/bitstream/handle/20.500.12657/52409/978-3-031-26051-3.pdf?sequence=1#page=184.

学院（professionshøjskoler），提供各种专业教育的学士学位课程，包括教育学学士课程。这些教育计划得到教育与研究部的认可和资助，在每年的财政计划中对学生进行资助。2007年的改革重新引入了一定程度的专业化。2014年的一次改革进一步推动了这一进程，学生培养朝着更为专业化的教育学从业人员教育方向发展。现在的教育分为两部分：基本专业能力的通识部分（70 ECTS学分）和专业化部分（140 ECTS学分），学生在完成通识学习后可以选择进一步专攻早期儿童教育学、学校和课外教育学、社会和特殊教育学等。

丹麦教师职前培养采用定额分配制。35%的生源来自高级中学、高等职业教育、高等技术教育等18岁的毕业生，遴选考试成绩优秀的学生；其余65%则来自多元的选择标准：高级中学毕业后接受过护理、社会工作助理的相关培训；高级中学毕业后做过助教、家庭日托所保育员；在高级中学中学习丹麦语、英语、社会学，且一门选修课和四门主课成绩均优异；拥有国外中学毕业考试成绩和相关简历（包括个人职业培训状况、工作经历、是否从事过相关工作等）。[1] 学生就读期间不需缴纳学费，同时还可以获得各级政府的补助，毕业后工作也相对稳定。随着改革不断深入，丹麦学前教师教育逐渐形成了与学前教育事业发展形势相适应、以教师专业能力发展为导向的幼儿教师教育课程，不仅关注教师的专业知识结构，还注重教师工作水平的提高和情感态度的培养。

首先，通过设置丰富的课程内容，培养"通""专"结合的高素质人才。《教师学习项目法》中详细规定了学前教师职前培养的课程内容、实习安排及考核方式等。《教师学习项目法》中规定的课程内容主要包括"教育理论"，其中涉及心理学、人类学、社会学、哲学、公共卫生学等

---

① 汤成麟.丹麦学前教育师资培养体系的现状及其启示[J].河北师范大学学报（教育科学版），2015,17(02):107-113.

专业课程的理论与研究方法;"丹麦语、文化与交流"旨在培养在早期教育机构中幼儿教师的文化适应及语言使用能力;"个人与社会"旨在培养学生良好的个人与社会的交流能力,建立良好的社会合作关系;"活动与文化"课程包括健康、身体与运动,表达、音乐与戏剧,手工、自然与技术,学生可根据自己的兴趣与未来规划选择其一。学院也设置了相应的供学生选择的可实际操作的手工坊、体操房、戏剧坊、IT 教室等设施,并配备了齐全的操作材料。学生需自主安排实践,熟悉这些设备的使用和教学方式。"专业化课程"旨在加强学生某一领域的专业化程度,同样是结合自身发展规划选择一门专业课,包括"幼儿与青少年""身心残疾""社会问题者"等不同领域。"跨专业课程"要求学生在第二学期实习过程中,与理疗医生、心理咨询师、语言治疗师、精神医生等专业人士开展合作,积累对待特殊情况的经验,为日后顺利完成各种专业工作打下基础。"学士学位项目"直接与学生学位挂钩,学生可选择独自或以小组为单位完成一篇学位论文。每个大学学院可以结合《教师学习项目法》的相关规定对职前学前教师培养课程进行灵活的调整。每隔一段时间,还要根据领域的需求和进展对课程结构和内容作出适当调整。

丹麦非常重视学生的实习。三年半的学习过程中,学生需要参加四个阶段共一年零三个月的教育实习工作。实习学分约占总学分的 35%,累计时间约占三年半全部学习时间的 1/3。实习分别安排在不同的学期,侧重点也不同,分别围绕"教育关系""教育机构"和"教育专业"展开。"教育关系"强调实习生能与幼儿园其他工作人员展开互动;"教育机构"旨在培养学生在学前教育机构中承担一定的工作;"教育专业"强调的是成为幼儿园教师必须具备的综合能力,四个阶段层层递进。学生实习过程中的教学反思、教学记录等过程性材料需要装入档案袋中,作为实习结束后的重要考核依据。学生中约有 20% ～ 25% 的人在就读期间去其他国家的早期教育机构体验学习。

其次，重视个人经验的积累和个性的发展。在丹麦的教师教育中，通常会提及 3 个 "p"，分别是 professional（专业）、personal（个人）和 private（私人），这里强调了 "个人" 和 "私人" 的差异。幼儿教师文化的规范和理想是在个人与学术之间建立联系，但避免涉及私人领域。私人领域的理解与幼儿教师的私人生活和个人经历关系不大，更多地与教师的个人需求和情感有关，这些需求和情感不应该影响与儿童的关系。同样，教师可能存在未解决的冲突或无意识的需求，这也属于私人领域。个人与私人之间的区分不仅是为了保护幼儿教师自己，也是为了保护儿童，因此是一个伦理问题。[①] 作为优秀的幼儿园教师，必须通过个人能力和特有的学术知识和孩子之间建立起一种亲密的关系。教师的个人经验和个性发展是丰富、多样化和独特的资源，可以为教学增添深度、活力和人性化。教师可以充分利用自己的个人经验，将其融入教学实践中，以创造积极、富有意义和启发性的学习环境。丹麦在三年半的课程中非常重视学生的个人成长，学生必须既有学术教育背景，又有个人教育背景。作为教育学从业人员，要想获得信任，就必须敢于将自己的个性投入到工作中。这需要学生能够具备特定的学术知识基础、价值观，达到教育学从业人员的道德标准。

除知识学习外，学生还需根据自己的兴趣掌握一些技能，如演奏乐器、讲故事、进行平衡球或沙箱游戏、生火、爬树，等等。这些都需要在学习过程中不断练习，才能达到较高的水平。教师教育希望学生通过自己擅长的领域为所处社群带来特质，用自身的技能更好地组织活动，跟孩子们相处。在丹麦的教育学文献中，将这些活动称为 "共同的第三者"，这是丹麦哲学家胡森（Michael Husen）引入的概念。这个概念指的

---

① Jensen J J. The Danish pedagogue education[M]//Pathways to professionalism in early childhood education and care. Routledge, 2016: 15-28.

是这种活动不仅仅是成年人的，也不仅仅是儿童的，而是一种超越了这两者的活动，让成年人和儿童都能够参与并共享。

在三年半的教育学从业人员学习过程中，学生通过参与不同的活动和文化学科，逐渐变得更加自我和开放，同时也获得了审美等技能。大学学院为了支持这一点，在学校布局上提供了各种设施，包括手工艺区域、体育馆、戏剧和音乐室、摄影和 IT 教室、木工和金属工作室以及相应的户外设施。这些设施都配备了相关的材料，学生可以在这些环境中尝试不同的活动，学会将自己的兴趣、爱好、专业知识和经验融入教学，创造出多样化、富有创意的学习环境，激发幼儿的好奇心和学习兴趣。

5. 瑞典：通过多种外部支持保障教师队伍的稳定和质量

瑞典有三种类型的幼儿园。第一种是由市政府管理的幼儿园。市政府通常会有一名幼儿园园长，负责监督邻近地区 3～4 所幼儿园的运营。第二类是独立的幼儿园，可能是营利的，也可能是非营利的。幼儿园从市政府获得资金，不能向家长收取高于市政府幼儿园费率的费用。第三类是家长合作社，属于公共儿童保育系统，也由市政当局提供资金。区别在于家长在此类幼儿园的运营中发挥着重要作用。独立幼儿园和家长合作幼儿园按照与公立幼儿园相同的规则运营，并遵守国家法律和准则。家长可以根据自己的意愿选择幼儿园的类型。截至 2016 年，瑞典全国有 9800 所幼儿园。其中 73% 的幼儿园由当地市政当局运营，27% 由私人管理。私人管理包括独立学校（营利和非营利）和家长合作社。在瑞典，每五个孩子中就有一个上独立的幼儿园。独立幼儿园分布在大城市及其郊区（至少 33% 的注册儿童就读于独立幼儿园）。[①]

在瑞典的幼儿园，教职员工的任务是激发和支持儿童的学习和发展。幼儿园教师与儿童助教通力合作，支持儿童的学习。此外，还有一位教

---

① Garvis S. Quality of Employment of Childcare. Country report: Sweden. 2018.

学领导负责整个幼儿园的教学工作。在瑞典，如果想在国家学校系统中被任命为终身制的教师，申请人必须具有教育教学、瑞典语知识以及适用于学校系统规定的，特别是有关教育目标规定的大学文凭。学前教师在瑞典往往是终身职业，所以资格审查也相当严格。2011 年，瑞典完善了幼儿教师资格认证制度，所有幼儿教师须持有教师资格证才能上岗。2012 年 7 月，幼儿教师注册制度生效。教师注册教师资格时，要备注学科、等级等信息，只有通过注册才能获得永久教师资格。幼儿园教师满足学历要求或者接受培训之后可以申请注册。根据瑞典国家教育局的统计数据，截至 2016 年，共有 105800 名成年人在幼儿园工作。大约 39% 的幼儿园员工拥有被认可的教师资格（3.5 年的大学学位），其中约 95% 的员工拥有幼儿园教师资格，2% 拥有普通教师资格，3% 拥有课外实践中心教师资格。[①]

2011 年，瑞典启动了新的教师教育计划（为期 3.5 年），其中包括四个教师教育项目，学前教育就是其中之一。修订后的课程和新的教师教育计划明显侧重于诸如语言、数学、技术和科学等内容领域和文档记录、评估和教学问题。其目标是使学前教育更具教育性，更加注重教学和学习。2011 年，计划名称从"早期教师"（teacher of early years）改回了"学前教师"（preschool teacher）。毕业生可获得学前教师学位，毕业后可在幼儿园（1 ～ 5 岁）以及学前班（6 岁）工作。儿童助教需要完成为期三年的中等职业教育，专攻教育工作。其目的是让学生在学前机构中与教师进行合作，教育内容包括必修和选修课程，重点关注儿童发展、学习、权益以及其他教育活动。此外，还需要完成为期 15 周的实习才能够取得

---

① Garvis S. Quality employment and quality public services Quality of employment in childcare, Country report: Sweden[EB/OL]. (2018)[2023-08-18].https://www.epsu.org/sites/default/files/article/files/Country%20report%20Sweden%20childcare.pdf.

助教资格。评估环节除了对理论课程进行评估外，还会评估学生在专业领域中执行常见任务的能力。入职后的专业学习取决于幼儿园和市政府。不同地区会关注不同的学习领域，并为本地教师提供不同领域专业学习的机会。一些想进入领导岗位的教师还可以选择继续接受高等教育来提升学历。

一支稳定、高质量的教师队伍对于儿童的教育和发展至关重要。多年来，为了确保学前教育的有效性和积极影响，瑞典政府致力于提供外部支持，以支持学前教师在其关键角色中的表现。这种外部支持包括与教师工会合作，通过媒体和公共辩论引起社会对学前教育问题的关注，以及与其他利益相关者共同努力，共同推动政策改革和改进。政府也重视提供适当的培训、发展机会和职业支持，以确保学前教师能够不断提升自己的专业能力，适应不断变化的教育环境，并为儿童提供最佳的学习体验。通过这些努力，瑞典政府旨在为学前教师创造一个有利的工作环境，以促进他们的职业满足感、工作动力，提高教育质量，最终实现儿童的全面成长和发展。

首先，工会为保障学前教师的工作条件和个人权益发挥了积极作用。在瑞典，工会组织的地位十分重要，工会工作的水平位列世界前列，许多人将集体协议和行使会员权利视为工作生活的一部分。在学前教育行业，也有许多教师工会可供从业人员加入。工会不仅负责检查教师的工作条件，还参与集体协议的谈判，并为会员提供雇佣保护支持。工会定期对会员的工作条件进行调查和报告。例如，在 2015 年的一份报告中指出，为了改善学前教师的工作环境并吸引更多人加入这个行业，需要在以下几个方面进行改进：增加教师密度，缩小团体规模，修订学前教师的任务，为特殊需求儿童提供更多资源和职业服务，注重技能发展以及提高工资以招募和留住学前教师。[①] 这些改进措施旨在改善学前教师的工作条件，以及解决许多会员所面临的实际困难。同样，2017年工会在对幼儿园儿童助教进行了调查后，也提出了改进建议。根据调查结果，工会制定了改善儿童学前环境、减轻学前教职员工压力的重要措施，包括确保学前团队规模稳定、遵循适当的儿童团队规模、增加永久性员工比例，从而减少临时学前教职员工所带来的连续性问题。此外，工会在提升学前教师和助教质量方面也发挥了关键作用，2011年，工会联合向所有市政府写信，强调不同技能在学前教育中的互补和丰富性作用，呼吁在新的管理文件基础上明确幼儿园不同角色的重要性，工会的协同作用突显了通过共同努力支持每名学前教育教职员工成长、发展的重要性。此外，在2018年课程修订中，工会再次发挥了重要作用。工会为政府提供了有关教职员工角色转变的建议，还在课程中明确了幼儿园助教角色的重要性。

其次，教职员工可获得多种社会支持，为风险管理和质量监控提供帮助。瑞典学前教育领域存在着影响学前教师福祉的多种因素，包括工作压力、组织变革、团队合作和团队规模等。这些问题不仅影响员工的健康和满意度，还可能对儿童和雇主产生负面影响。据瑞典教师工会研究，学前教师更容易患有心理疾病，患病率比普通工人高出80%，并且更有可能请病假。工作环境管理局的研究也表明，学前教师因心理健康问题请病假的风险较高。此外，学前教师和助教也可能面临听力相关的健康问题，这可能与工作环境中的噪音水平有关。组织变革对于学前教师福祉的变化也产生了影响。学前教育从以提供优质护理为主转变为更

---

① Lärarförbundet. Lärarförbundets rapport: Satsa tidigt-satsa på förskola[EB/OL].(2015-05-10)[2023-10-10]. https://www. lararforbundet.se/artiklar/rapport-fran-lararforbundet-satsa-tidigt-satsa-pa-forskolan, 2015.

强调以改善教学环境为主。然而，这种变化也伴随着学前班级规模的增加，从而增加了学前教师与儿童互动和建立规划文档的压力。此外，团队合作在学前教育中起着重要作用。研究发现，有效的团队合作与学前教师的福祉有关，有效团队合作可以降低情感疲劳水平并提高工作满意度，反之则会影响教师的工作态度引起职业倦怠。

瑞典学前教职员工可以与幼儿园园长、安全代表和工会成员之间进行会议沟通，通过沟通合作解决工作中出现的问题和冲突，创造更健康的工作环境。教职工在教学内容和方法方面有一定的决策权，但财务方面的决策由园长或机构负责人和市政府负责。这种权责分离有助于确保教育质量和资源的合理分配。市政府和机构负责人或园长会定期对基础设施和工作环境进行检测。幼儿园负责人或园长的角色是确保在组织和开展学前教育服务的过程中遵守所有规则和法规。不同市政府以不同方式进行质量监控，但在所有市政府中都有一些基本的原则。例如，独立的幼儿园受到严格的监督和监测，市政府会进行监督和提供质量监控。每年所有独立的幼儿园都需要向市政府就多个质量要素的情况进行汇报，包括员工人数密度（员工人数与儿童人数之比）、幼儿园教师比例、员工流动率，以及环境和儿童安全的确认报告。对于市政府幼儿园，学校检查机构负责监督。学校检查的范围和频率根据城市或市政府的规模而定。此外，大多数幼儿园每年还会进行员工调查，多以填写调查问卷的形式对他们的工作环境开展调查。职业安全方面的评估采用不同的方式进行。每年进行一次安全检查，之后会整理一份检查结果进行归档。出现的问题会在合理的时间内处理，并尽快得到解决。职业安全情况还会根据学前教育机构的组织情况，在每月的员工会议上进行讨论。

再次，通过媒体报道和公共辩论来引起公众、政府和教育界对学前教育的共同关注，进而提升教育质量。这包括新闻报道、特写和深度报道，揭示学前教育系统中的问题以及面临的挑战，如准入不平等、师资短缺和工作环境问题等。组织专题辩论和座谈会，邀请专家、学者、政策制定者和教育从业者参与讨论，帮助公众更好地了解学前教育的情况和改革需求。媒体报道主要形式为对学前教育的成功案例、各种数据和统计信息，以及深入挖掘出的问题进行专题报道，呈现给公众更全面的信息；采访关键人物，如学前教育从业者、教师和政策制定者等，借助媒体给公众带来更多元的视角。

第五章

中间层面：幼儿园、家庭和社区的协同合作

一、幼儿园与家庭：对儿童发展负有同等责任

在北欧国家，家庭和幼儿园协同是提升教育质量的重要指标，父母参与学前教育也被视为提高儿童福祉及发展的关键因素。北欧国家里家长与幼儿园的合作不仅仅是信息传递，更是一种互相支持和共同参与的伙伴关系。如，挪威的法律政策文本中从"家长联系"（parent contact）到"家长合作"（parent cooperation）的转变，体现了教育当局在子女教育中与家长的关系发生了变化。同样，在短语"家校（园）合作"（home-school cooperation）中将"家庭"放在首位，进一步强调了家长在这种关系中所扮演的重要角色。

家长与幼儿园的合作可以使家长加深对幼儿园教育实践的理解，设定合理的期望，并提升家长在家和幼儿园支持子女的能力。家长参与实践还能提升家长的信心和满意度，丰富教育课程，改善教育机构的氛围，并通过分享责任和增强信息流来减轻教师的工作负担。OECD 的一项研究表明，积极参与学校（幼儿园）合作的父母不但对孩子的学习与生活

表现出更积极的态度，还能提升自身为人父母的自信心。该研究还表明，这样的父母能更清楚地理解教育的价值和重要性。[①]

（一）家园合作的历史变迁及政策要求

北欧学前教育的发展和实践充分体现了儿童双重社会化的特点，这一概念强调教师和家长在儿童的发展和成长过程中共同发挥作用，双方都承担着儿童成长的责任。这种理念的根源可以追溯到福禄贝尔时期，他强调幼儿园是家庭教育的补充，而非替代品，幼儿园延续和扩展了家庭生活。在这一理念中，家庭和幼儿园共同关注儿童的发展和生活，双方角色是互补的。

在历史的变迁中，家庭作为社会的基本组织经历了三次重要的变革。首先是从中世纪到新时代的变革。在中世纪，几代人常生活在同一屋檐下，家庭生活和工作生活尚未产生差异化，工作以及儿童的照护主要是以家庭为基础开展的。15 ～ 18 世纪，社会第一次朝着以贸易为基础的资本主义方向发展，于是家庭结构开始逐渐发生变化，之前拥有庞大亲属关系的传统家庭慢慢开始瓦解，取而代之的是一对已婚夫妇及其未婚子女组成的核心家庭。这一趋势最早始于资产阶级家庭，后来蔓延至平民家庭。这一变化使家庭生活和工作产生了分化。因此，儿童最初的社会化，包括其人格的发展和性格的形成都发生在家庭之中，但对儿童的照护不再是家庭生活的重要部分。人们必须通过培训和职业准备才能获得工作。渐渐地，工薪家庭和现代消费家庭产生了。第三次变革产生于工业社会向信息社会的过渡时期。在这一时期，女性接受教育并像男性一

---

① Epstein J L, Sanders M G, Sheldon S B, et al. School, family, and community partnerships: Your handbook for action[M]. Corwin Press, 2018.

样进入劳动力市场。因此，情感投资和互动成为了家庭和社会的粘合剂。这一发展让家庭和儿童生活发生了重要变化。①

在北欧各国的学前教育纲领性文件中，都设有父母参与学前教育的专门章节。各国的文件都将父母参与描述为一种合作与协同的形式，并举例说明了父母积极参与的方式。信息共享和沟通对于实现富有成效的父母参与学前教育实践至关重要。

瑞典的《学前课程》中规定了教师的责任，一方面确保教学工作按照课程指南中的目标开展，另一方面确保家园合作顺利开展。同时指出幼儿园在清楚其目标和任务的前提下，家长应该有机会参加国家课程指南框架内的有关活动，并发挥影响力。教师应与家长一起，为每个孩子提供良好的学前教育；教师应确保家长有机会参与并对如何在教学规划中实现具体目标而发挥影响；教师有责任邀请家长就儿童成长与发展的教学内容、结构和方式进行讨论，并参与幼儿园的评估工作。

冰岛的《学前教育国家课程指南》中指出：幼儿园教师和家长之间的合作应建立在相互理解和尊重对方知识和态度的基础上；更重要的是，两者之间应相互信任，能够分享彼此的观点，就个别儿童的教学内容能够共同作出决定；幼儿园实践应鼓励儿童、教师、家长及当地社区之间的合作。该指南共提及了 28 次"合作"和 4 次"互动"。"合作"包括幼儿园内部和幼儿园外部各方及各幼儿园之间的合作，同时还强调了儿童之间以及儿童与父母之间的合作。家长应有机会熟悉学前教学及课程，老师也应该了解儿童的兴趣、成长经历以及家庭环境等信息。

芬兰的《学前教育国家核心课程》中有一整章专门论述家园关系及合作方式。其中强调家园合作的目的是为了满足儿童的需求，确保他们

---

① Kragh-Müller G. Nordic social pedagogical approach to early years[D]. USA: University of Illinois, 2017.

的成长、发展和学习。学前教育机构和家长之间的关系建立在信任、尊重和平等的基础上。挪威的《幼儿园法案》规定，幼儿园应与家庭合作并达成协议，以确保儿童受到照顾，满足儿童对游戏的需要，促进儿童学习和形成性发展，以此作为全面发展的基础。"家"和"父母"一词还包括其他监护人。幼儿园应尊重家长的参与权，并应与父母密切合作且达成协议。在家庭和幼儿园的合作过程中，儿童的最大利益始终是首要考虑的因素。

（二）合作的基础：互信互惠的平等关系

近期的一项研究分析了在参与儿童教育时，学前教育工作者和家长充当的不同角色，他们之间的关系可以分为三种，分别是专家、顾客和合作伙伴关系，从"专家"的视角看，学前教育工作者在与家长沟通时扮演专家角色。从"顾客"的角度看，家长满意度是改进学前教育质量的推动力，家长认为他们有相当广泛的权利决定他们的孩子将参与哪些活动。其中，家长的专业知识、责任心和经验对满意度起关键作用。"合作伙伴"关系包括了前两种关系，强调在教育过程中家长和学前教育工作者的互动和关照，共同寻找教育问题的解决方案。①

在瑞典，大部分儿童可能每天在学前教育机构度过 8 个小时甚至更长时间。尽管教师负责幼儿园的教育和社会活动，但家长对孩子的养育和发展同样负有责任。根据瑞典《学前课程》，学前教育机构的角色是"通过为每个孩子创造丰富多样的发展条件，作为家庭的补充与支持"。因此，学前教育机构应当与家庭密切、亲密地合作，家长应当有机会在国

---

① Venninen T, Purola K. Educators' views on parents' participation on three different identified levels[J]. Journal of Early Childhood Education Research, 2013, 2(1): 48-62.

家目标的框架内参与并影响学前教育机构的活动。儿童和家长能发挥其影响力的前提是学前教育机构必须明确其目标以及工作内容。因此,《学前课程》中对学前教育机构的教师和家园工作相关团队的工作职责做了清晰的界定:

- 确保每个儿童与家长一起收到关于幼儿园的详细介绍
- 确保家长有机会参与并影响教育计划中具体目标的实现
- 明确与家长开展对话的内容、结构以及方式
- 让监护人参与评估学前教育机构的工作
- 与监护人保持持续的对话,无论在幼儿园内外都需关注孩子的幸福、发展和学习,每年至少进行一次发展性对话
- 在计划和实施活动时充分考虑家长的观点

瑞典《学前课程》文件中对家长角色的重视,体现了瑞典社会对于儿童全面和整体性发展的看法,即将儿童视为"整个儿童"。这一观念强调对儿童的关注应该贯穿其整个日常生活,包括饮食、卫生、睡眠以及通过游戏学习等各个方面。在这个理念下,学前教育不仅仅是教育活动,还涵盖了孩子全天候的需求。同时,这种全面的关注也必须兼顾家长的需求和期望,从整体层面到具体细节层面,确保孩子在学前教育中得到最好的支持和关怀。

(三)通过多种形式开展家园合作

1. 不断完善家长协会的职能

在北欧地区,家长协会发挥着重要作用,旨在促进家长与学前教育机构之间的紧密合作。家长协会通过多种途径实现这一目标,包括鼓励家长参与学前教育活动和决策、反映家长的声音和需求、促进家园合作、给家长提供支持和建议,甚至参与政策制定。家长协会是学前教育中家

园合作的桥梁，为家长提供了与教育机构合作的平台，也为教育机构提供了倾听家长声音的渠道。通过家长协会的努力，家长与学前教育机构之间的紧密联系得以建立，促进了家园合作、提高了教育质量，同时也支持了儿童的全面发展和福祉。

在芬兰，家长和学校（幼儿园）的合作由来已久。1969年，芬兰成立了第一个瑞典语家长协会，如今该协会仍具有广泛的社会影响力，并且已将学前教育的家园合作纳入工作中。目前芬兰有两个家长协会，一个主要负责芬兰语幼儿园和学校的家园合作，另一个主要负责瑞典语幼儿园的家园合作。这两个家长组织都以中央协会的形式组织所在地区学校和幼儿园的家长协会。中央协会以不同的形式为家长和教师提供各种学前教育的信息和支持，同时还与全国各地的教育决策者开展合作。他们工作的目标是加强家长与幼儿园、学校之间的积极对话，并提升家长的话语权。家长协会发挥着重要的社会功能，并聘请在家园（校）合作方面有丰富经验的教师作为全职专家。[①]

2. 发挥家长—教师会议的双向沟通作用

在北欧的幼儿园，每年通常会举行两到三次家长—教师会议，每次会议的持续时间为15～20分钟。家长—教师会议作为一个沟通平台，为家长和教师提供了宝贵的交流机会，一同探讨孩子在幼儿园各个方面的情况。在这个开放式的交流环境中，双方都能分享关于孩子成长、学习和社交发展方面的观察和见解。家长可以了解孩子在幼儿园的学习进展，以及孩子是否有需要被额外关注的地方。同样，教师也可以向家长传达孩子在幼儿园环境中的表现，包括活动参与度、社交互动情况以及行为表现等。除了讨论孩子的学习和行为，家长—教师会议还为家长和

---

① Uusimäki L, Yngvesson T E, Garvis S, et al. Parental involvement in ECEC in Finland and in Sweden[J]. Nordic families, children and early childhood education, 2019(1): 81-99.

教师提供解决问题和共同制定支持计划的机会。如果孩子在学习、适应或行为方面出现了问题，家长和教师可以一起探讨并提出解决方案，以确保孩子获得最好的支持和关怀。

以挪威为例，2006 年的《教育法》规定学校有责任促进家庭与学校（幼儿园）之间的联系与合作，并为此设立专门的交流和合作平台。学校（幼儿园）有义务至少每年安排一次家长—教师会议。家长代表可能会被要求在会议的某些环节中担任领导角色。为了确保家长与教师就个别孩子的问题进行交流，每年举行两次个别家长—教师会议（如果是 12 岁以上的儿童，则是学生—家长—教师会议，挪威 12 岁以上的学生有参与会议的权利）。这些会议需要进行计划和结构化，对家长应该获得何种信息以及应该讨论何种主题有详细的要求。在与家长的交谈中需关注孩子的日常表现，针对个别儿童的能力发展状况也应予以说明。此外，谈话还应该探讨学校（幼儿园）和家长如何合作，家长如何提供帮助，以促进儿童的学习和发展。2010 年，在对 2006 年法案修订时，这些方面都得到了进一步强调，旨在让家长更多地参与学校（幼儿园）的工作。在挪威，家长—教师会议非常受欢迎，是家庭与学校（幼儿园）之间联系的桥梁。

3. 拓宽多种沟通渠道

除了定期的家长—教师会议，北欧的幼儿园还采取了多种方式来保持家长和幼儿园之间定期的联系，包括电子邮件、信件和电话等。这些不同的沟通渠道提供了更加灵活的方式，使家长和教师可以随时交流并及时了解孩子的情况。通过电子邮件，家长和教师可以随时交换信息、分享观察和意见，以及及时回应对孩子学习和行为方面的关切。邮件和信件的方式更加正式，可以用于传达更详细和重要的信息，例如幼儿园活动的安排、重要通知等。电话沟通的方式更灵活、便捷，可以用于即时讨论或解决紧急问题，家长和教师可以直接交流，快速解决问题。

这些多样化的沟通渠道不仅有助于保持家长和教师之间的联系，也能够确保孩子的情况得到及时的关注和反馈。家长可以通过这些渠道了解孩子在幼儿园的日常表现、兴趣爱好等方面的信息。同样,教师也可以通过这些方式向家长传达孩子的学习进展、参与度以及任何需要额外支持的情况。

4. 举办多种社交活动增进相互理解

社交活动在北欧的幼儿园中扮演着促进家园合作和社区凝聚的重要角色。幼儿园积极鼓励家长参加各种社交活动,旨在建立一个温馨、亲近的园所环境,使家长、教师和儿童之间建立更紧密的联系。这些社交活动多种多样,涵盖了从节日庆祝到亲子互动的各种主题。例如,圣诞晚会、春季庆祝、夏日烧烤等活动,为家长和孩子们提供一个共同参与的平台。此外,幼儿园还可能举办亲子游戏日、亲子工作坊等,鼓励家长与孩子一同参与游戏、创作和学习。

这些社交活动不仅有助于增进家长与教师之间的沟通和理解,还能够培养幼儿园大家庭的凝聚力。家长们可以在活动中相互交流,分享育儿经验和教育观念。同时,孩子们也能够在轻松愉快的氛围中与同伴交往,培养社交技能和合作精神。

幼儿园鼓励家长积极参与社交活动,从而加强家长的参与感和对幼儿园的归属感。这种参与感和归属感有助于营造支持性的园所环境,让每个家庭都能够感受到关爱和支持。最终,这种密切的家园合作将有助于促进孩子的全面发展和幸福成长。

5. 鼓励家长参与学前教育质量评估

北欧国家的家长被视为孩子学习和发展过程中的重要伙伴,他们的观点和反馈对于教育质量的提升具有重要意义。家长通常被鼓励参与不同层面的评估活动,以确保教育的有效性和适应性。冰岛《学前教育法案》明确指出"可酌情招募家长参与",父母可以作为评估委员会的成员和重点小组的参与者间接参与外部评估。他们也可以参与内部评估,关于内部评估的参与方式没有具体的指导性说明，由自治市根据自身情况具体规定。瑞典《学前课程》规定质量评估应从儿童的角度出发，儿童、父母应参与评估的过程，他们的意见要格外重视。芬兰的质量评估基于四项原则：参与、多种方法、适应性以及公开透明。质量评估的管理及内容开发要根据这些原则进行。评估的设计需从儿童的视角出发，因为他们有"个人经验、判断和愿望"。具体做法上，北欧各国根据评估目标的不同采取不同形式。如瑞典国家教育局定期进行全国性调查，以获取家长对幼儿教育满意度信息。调查内容包括服务、员工指导、教育与保育、家园合作、信息共享、父母参与、开放时间及幼儿的体验等。芬兰在修订《幼儿教育法案》的过程中，希望将更多儿童的意见纳入其中。考虑到儿童的年龄特点，修订法案过程中采用了访谈、摄影及图画的形式对几十名儿童的观点进行了收集，包括他们在幼儿园喜欢什么，不喜欢什么，想要改变什么地方等。

（四）家园合作中仍需解决的问题

1. 进一步调动家长的主动性

家长主动性在家园合作中起着关键作用，然而冰岛的一项研究结果显示，教师通常是家园互动的发起者，许多家长很少主动联系教师。他们通常只在孩子行为或学习进展等方面偶尔与教师进行联系。这可能反映了一种家长们在参与孩子学校事务时的观念和习惯。[①] 这种缺乏主动性的习惯受到多种因素的影响，部分家长认为孩子在学校有专业的教育人员来负责，因此不需要频繁与教师进行沟通；还有家长因时间紧张或其

---

① Jónsdóttir K, Björnsdóttir A. Home–school cooperation in Iceland: Characteristics and values[M]//Parental involvement across european education systems. Routledge, 2019: 36-48.

他工作任务而无法积极参与家园共育事务。不管什么原因，缺乏主动性都可能会导致信息不畅通，这使得家长无法充分了解孩子在幼儿园的情况，因而错过了解孩子学习需求，纠正孩子不良行为，为孩子提供额外支持的机会。

为了改善这种情况，北欧幼儿园积极采取措施，鼓励家长更加积极地参与共育事务。例如，定期发送家长通讯，分享孩子的学习和发展动态，激发家长的兴趣和关注。另外，开设家长工作坊或讲座，提供有关支持孩子学习和发展的信息，吸引更多家长参与。

2. 加强与特殊需求儿童家长的合作

从目前的研究来看，绝大多数家长认同家园合作的重要性并对现有的合作水平表示满意。冰岛近期的一项调查显示，99% 的家长和相关人士认为家长的支持在学业成就方面相当重要或非常重要，有 95% 的教师认为与家长的合作至关重要。

初看之下，这些发现似乎将家长描绘成一个相当同质化的群体，他们与子女的学校（幼儿园）保持着良好的关系；大约 85% 的家长对学校（幼儿园）表示非常满意、满意或比较满意，而仅约 6% 的家长表示不满意。① 然而，进一步的研究揭示了一个特殊的家长群体，即那些子女在学校（幼儿园）中由于教育或行为问题而遇到困难的家长。约四分之一的家长表示他们的孩子需要特殊支持、协助或教育。然而这些孩子中，超过一半没有得到任何支持，或者得到的支持不足。当这些家长感觉学校（幼儿园）不能满足他们的需求时，他们会觉得与教师的沟通有难度，因此对学校（幼儿园）不满意。如果家长觉得学校（幼儿园）满足了孩子的特殊需求，他们会更加满意，甚至与没有特殊需求的家长相比，他们

---

① Jónsdóttir K, Björnsdóttir A. Home–school cooperation in Iceland: Characteristics and values[M]//Parental involvement across european education systems. Routledge, 2019: 36-48.

认为学校更容易沟通。①

3. 提升教师家园合作的能力

幼儿园教师的家园合作不仅有助于提升幼儿的发展和学习体验，还能够建立强大的教育伙伴关系，共同推动幼儿的全面成长。然而，研究显示北欧幼儿园教师的家园合作能力存在不足之处。西特加德（Westerg rd）的研究对此进行了深入的探讨。他指出，教师需要更多的开放性以及更高的能力水平，以满足学校对于增加家园合作、将家长纳入教育项目合作伙伴的期望。西特加德在其研究中列出了影响家园之间良好沟通的五个障碍：①家长的期望无法得到满足；②教师面临的工作压力；③合作中的一方（家长或教师）感受到另一方的攻击；④双方都不愿意理解对方的观点；⑤家长或教师缺乏与对方合作所需的动力或策略。②提升家园合作能力要求教师具备更丰富的知识和能力，提供更专业更系统的指导，因此教师需要参加多方面的培训，包括如何应对家长的批评，如何面对冲突，如何与家长建立有益的合作伙伴关系等。

二、幼儿园、家庭与社区相配合构建多元的学前教育系统

在北欧学前教育的持续发展中，强调将儿童、家庭和社区纳入进来，以回应文化多样性的生活；注重更为民主、更具环境敏感性、更加包容和平等的发展路径。这意味着在教育中需要考虑到不同社会群体的需求

---

① Jónsdóttir K. Home-school relationships and cooperation between parents and supervisory teachers[J]. Barn–forskning om barn og barndom i Norden, 2012, 30(4).

② Westergård E, Galloway D. Partnership, participation and parental disillusionment in home–school contacts: A study in two schools in Norway[J]. Pastoral care in Education, 2010, 28(2): 97-107.

和观点，创造一个更加开放和包容的教育环境。通过鼓励各方共同参与学前教育的发展，提升社区和家庭在学前教育中的参与度，最终实现每个儿童都能够充分发展的目标。

北欧注重培养儿童的综合能力，社区的参与为儿童提供了多样化的学习资源和机会。儿童不仅仅从幼儿园获得知识，还能从社区中的不同资源、经验和角色模型中汲取智慧，培养各个方面的技能，从而奠定全面发展的基础。儿童通过与不同年龄、背景和经验的人们互动，学会建立社交技能和人际关系，培养沟通、合作和共情能力，从而更好地适应社会的多样性和变化。此外，北欧地区多元的文化背景使得社区成员具有不同的价值观和传统，儿童通过与社区不同文化的人们互动，学会尊重和理解他人，培养跨文化的意识和能力。社区还提供了实践机会，帮助儿童在真实环境中学习、体验和成长，从而获得更为丰富的学习经历。家长也可以通过与社区教育工作者的合作共同关心孩子的学习和发展，通过交流、合作和共同规划，为孩子创造更好的成长环境，形成家、园、社共育的合力。

社区参与在北欧学前教育中具有多种多样的形式，这种形式既强化了孩子们的学习体验，又增强了孩子们的个人和集体责任感，进而促进了孩子们的全面发展。

首先，家长的积极参与是北欧学前教育中不可或缺的一部分。家长作为孩子的"第一位老师"被视为儿童教育的重要参与者。家长积极参与学校、幼儿园、社区的各类活动，如家长会、庆典、展示日等，与教育工作者保持紧密的沟通。这种合作不仅让家长了解孩子在幼儿园和学校的表现，也让教育工作者更了解孩子在家庭中的情况，从而更好地共同关注孩子的学习和发展。此外，家长还参与决策过程，与幼儿园、学校共同规划孩子的教育路径，确保孩子得到全面的支持和指导。

其次，北欧学前教育高度重视社区资源的利用。幼儿园积极与本地社区合作，利用社区内的资源丰富儿童的学习体验。图书馆、博物馆、公园等都成为儿童的学习场所，通过实地参观和互动体验，儿童能够更深入地了解周围的人、事、物，培养好奇心和学习兴趣。社区资源的利用不仅丰富了教育内容，也让儿童在真实的环境中获得更多的学习启发，培养了儿童的实际操作能力和创新思维。

此外，志愿者活动是北欧学前教育中另一个重要的社区参与形式。社区中的志愿者、长者等积极参与学校的各类活动，为附近的儿童提供额外的关爱和支持。这些志愿者不仅在物质上支持孩子们，更重要的是，他们传递着宝贵的生活经验和智慧。如，在芬兰的一所学校里，一位儿童的祖母作为志愿者来帮助老师开展绘画活动。当孩子们画画时，这位祖母与孩子沟通，询问孩子为什么会在原本是黄色和红色的太阳外环使用蓝色。在芬兰，"祖父母会进入教室，协助教学工作，分享关于芬兰文化的故事，与教师一起授课"。[①] 孩子们通过与不同年龄段的人们互动，建立更广泛的社交网络，学会尊重和理解不同的观点和价值观。志愿者活动不仅让孩子们感受到社区的温暖，也为孩子们的成长提供了丰富的人际交往经验。

社区活动在北欧学前教育中发挥着重要作用。各种社区活动，如庆祝节日、艺术展示、体育比赛等不仅为孩子们提供了展示自己才华的机会，也增强了本地家长、幼儿园、学校与社区之间的联系。孩子们通过参与社区活动，更好地了解社会，融入其中。多种社区活动不仅培养了孩子们的自信心，还让他们明白自己是社区大家庭中不可或缺的一员。

---

① Lee D H L, Hong H, Niemi H. A contextualized account of holistic education in Finland and Singapore: Implications on Singapore educational context[J]. The Asia-Pacific Education Researcher, 2014, 23: 871-884.

三、多方合作共同推进高质量幼小衔接

学前教育与小学教育的衔接是当前受到世界各国普遍重视的问题，良好的衔接对儿童顺利过渡到小学阶段有着重要的意义。北欧国家在幼儿园和小学之间的衔接过程中，强调了平等、个性化、合作和持续发展等关键原则。他们通过共同课程、教育专业人员合作、过渡活动、家庭参与等多种方式，致力于实现孩子们从早期教育到小学阶段的平稳过渡。这种过渡不仅关注学术知识的延续，更关注孩子的整体发展，包括社交能力、创造力、解决问题能力等。

在北欧国家的教育体系中，幼儿园和小学之间的衔接被视为一个无缝的过程，旨在为每个孩子创造一个平衡、支持和激励的学习环境，让他们能够在未来的学习和生活中充分展现自己的潜力。

（一）设置学前班课程

瑞典和芬兰在幼儿 6 岁后的秋季学期设置了"学前班"课程，旨在为儿童提供过渡性的学习环境。

芬兰的学前班课程通常为每天 4 小时，内容涵盖数学、环境科学、自然科学、艺术和文化等领域。尽管增加了知识性内容，但仍以游戏为主要的学习方式。幼儿通过游戏进行探索、互动和创造，发展综合能力和学习兴趣。

瑞典的学前班课程被纳入义务教育阶段，费用由政府支付。在幼小衔接这一学年中，瑞典的学前班课程要求不少于 525 小时，每天的教学和游戏时间不超过 6 小时。学前班课程的设置基于儿童的学习和发展需求，强调培养他们提出个人见解、解决问题，并将想法转化为行动的能

力。如，在语言和沟通方面，学前班课程鼓励儿童通过口语、书写、喜剧、舞蹈、音乐等方式表达自己。在数学方面，儿童学习使用数学概念解决实际问题。同时，瑞典积极建立保护儿童隐私的交流和沟通机制，强调幼小衔接中的多方合作，包括学前教育机构、学前课程提供者和小学等。幼儿园教师、园长、家长和小学教师等相关人员都有明确的责任和分工。

（二）加强课程的连贯性

尽管丹麦和挪威没有设置专门的衔接课程，但是都在学前阶段和小学阶段的课程设置上体现了对儿童发展的关注。丹麦政府于 2011 年发布了为期十年的儿童长远学习计划，重点关注儿童在语言和数学领域的学习。其中一项重要措施是调整小学课程，以满足儿童顺利过渡的需求。这意味着小学课程会考虑学前教育的内容和目标，确保儿童能够在小学延续他们在学前教育中的学习基础。丹麦的义务教育为 10 年，从儿童满6 岁那年的 8 月份开始算起。义务教育的第一年包括幼儿园班，主要是在学校环境中进行游戏和学习活动，为儿童未来的学校生活奠定基础。如果感觉孩子的入学准备（如社会情感能力发展等）不够充分，家长可以选择让孩子比义务教育开始的时间（幼儿园班）晚一年入学。如果父母提出申请，并通过学校的适应性评估，孩子也可以提前一年入学。2019年，丹麦对幼儿园的课程结构进行了调整，也是为了与小学课程保持一致，明确了目标、活动和评估之间以及知识和能力之间的关系。在挪威，幼儿园和小学阶段的课程有相似的主题、课程理念和目标。尽管没有明确的衔接课程，两个阶段的课程仍有一定的连贯性。此外，在挪威的小学教学内容中，一年级的课程与其他年级相比有较大差异，仍以游戏化的教学方式为主。一年级的学生会参与教学目标较明确的游戏，注重社会技能和基础知识的培养，而不是单纯的学习学科知识。

在芬兰，幼小衔接的目标是在基础教育开始之前，让儿童和家长都有机会熟悉小学的学习环境、活动和人员。学前教育、学前班和基础教育构成了连续体，为儿童的学习与发展提供支持。所有三个教育阶段的国家核心课程都强调连续性和平稳过渡在儿童的学习路径中的重要性。例如，《学前班国家核心课程》指出："重要的是，学前教育（包括学前班）和基础教育为儿童成长和学习提供一个连续性的教育整体……儿童学习要经历不同的阶段，教师和其他人员对不同阶段的核心目标、特点和实践的熟悉是高质量连续教育的起点……目标是确保每个儿童从学前教育到学前班再到基础教育的学习路径是基于儿童需求的灵活连续的。"

（三）加强各利益相关者之间的合作

在北欧国家，幼小衔接的主要责任通常由各市政府承担，主要负责制定政策、指导和监督幼小衔接的实施。

以丹麦为例，学前教育以及小学和初级中学教育系统均有独立的立法。学前教育受 2019 年修订的《日托法案》约束，该法案概述了学前教育机构的目的与任务，强调了从幼儿园到小学实现良好过渡的重要性。《日托法案》规定了学前教育机构的总体指导方针和目标，同时规定丹麦的各自治市负责幼小衔接工作的实施，各市政府需负责促进儿童从幼儿园到小学的过渡，并使两者之间正式建立合作关系。丹麦各自治市致力于实现本地 0～18 岁孩子学习的一致性和连贯性。其中，从学前教育到小学教育的过渡对儿童未来的发展和福祉至关重要，随着终身学习理念的深化，各自治市政府更加关注儿童学习的策略和方法。除制定相应的政策外，市政府还需要帮助幼小衔接的各利益相关者彼此确立合作关系，如，幼儿园和小学、教育心理咨询机构以及家长之间的合作。Børne-og Kulturchefforeningen (BKF) 是一个由各地方市政府的成员组成的网络。这些成员是其所在市政府早期儿童教育中心、学校或社会事务部门的负责人。该网络在全国早期儿童教育中心和学校很有影响力，是该领域的重要利益相关者。丹麦市政府有较高的自治权，有基于当地条件、弱势儿童的情况等因素进行资源分配的决策权。因此，各自治市在组织和协调本地各个相关部门及人员合作时也会采取不同的方式。大多数市政府都为幼小衔接制定了本地资源分配和实施的指导性框架。也正因为如此，从公立幼儿园过渡到公立学校是较有优势的，因为市政府在此过程中承担了统筹的责任。儿童的日常生活、学习和福祉都由市政府统一组织，教职员工也有相似的认知，幼儿园和学校也在市政府的干预下密切合作，使衔接过程十分顺畅。以下选取了丹麦几个自治市在实现本地幼儿园到小学顺利过渡的特色做法。[①]

斯基沃市（Skive Municipality）制定了一项幼小衔接计划，旨在确保儿童在不同教育环境之间实现最佳过渡。该计划的目标是确保每个孩子都能够体验安全舒适的幼小衔接过程。该计划对家长和教育工作者提出了不同的要求，分别列在不同的表格和指南中，包括在幼小衔接过程中必要的举措和行动。此外，还提供了幼小衔接过程中关键事件的时间表。斯基维市还将"必须完成"（must-do）的任务和"可完成"（can-do）的任务进行了区分。其中，"必须完成"的任务包括在上小学之前，幼儿园和家长之间的交流，幼儿园教师和孩子参观小学，以及幼儿园和学校对衔接情况的共同评估。

斯拉厄尔瑟市（Slagelse Municipality）通过"宝箱"实现幼儿园和学

---

① 以上示例均来自：OECD. Transitions from ECEC to school[EB/OL].(2017)[2023-06-01]. https://www.oecd.org/education/school/SS5-country-background-report-denmark.pdf.

校之间的合作。幼儿园的老师会把孩子们对自己的描述放在"宝箱"里，包括他们是谁、喜欢做什么、好朋友是谁等。宝箱会转交给学校幼儿园班的老师。此外，幼儿园和学校还需准备一些相同的材料，并且用这些材料完成一些幼儿园、学校都有的活动，如阅读、故事创作、戏剧、韵律、歌曲、字母和音节、绘画、电脑游戏等。

格莱德萨克色市（Gladsaxe）通过四个途径确保儿童能获得发展性和连贯性的过渡：①幼儿园和学校之间的合作协议；②给家长和教育工作者的表格，用于描述孩子的潜力和技能；③"这是我"手提箱，里面装有孩子的作品；④"这是我们"的宝藏箱，里面装满了孩子在幼儿园生活中认为最有价值的东西，如歌曲、游戏等。通过这种方式，幼儿园和学校之间的合作关系得到了深化，同时幼儿园教师和小学教师也共同完成了支持幼儿学习与发展的工作。

此外，还有一些自治市特别聘请了专门负责"从幼儿园到学校的教师"（samtænkende pædagoger），他们春季学期在幼儿园工作，随后与孩子一同进入学校，并与学校的教师一同陪伴孩子度过秋季学期。由于这些老师对儿童的个人经历、优势和需求十分了解，对增加儿童过渡期的自信和安全感很有帮助。

第六章

微观层面：课程、教学与环境共塑品质

一、指向整体发展的北欧学前课程

北欧各国有着较为一致的社会发展及政治观，即公民具有普遍的社会权利与机会，教育政策的制定也相应受到此价值观的影响。前面章节提到"北欧福利模式"和"以儿童为中心"是北欧学前教育的两个核心要素，以儿童为中心的理念意味着让每个孩子拥有美好童年。尊重儿童的天性正是平等、民主、自由、独立、热情、合作、团结一致的北欧精神的体现。[①]

在北欧国家，国家层面的核心课程纲要或指南对学前教育的发展有直接的影响。各国通常根据社会的发展、全球化趋势以及课程实践情况对本国的核心课程纲要或指南进行相应调整。尽管北欧各国存在一定的差异，但总体上它们都强调社会性和完整性教学法。各国学前教育课程

[①] Wagner J T, Einarsdottir J. The good childhood: Nordic ideals and educational practice[J]. International Journal of Educational Research, 2008, 47(5): 265-269.

纲要或指南都强调培养孩子的社会技能、合作能力和公民意识，鼓励学前教育提供机会，让孩子们在团队中学习、合作和解决问题，培养他们的社交技能和人际关系；在教学过程中，将不同领域的知识和技能融入综合的学习环境中，鼓励跨学科学习、探究性学习和解决问题，促进儿童的全面发展。此外，北欧国家的学前教育也受益于完善的福利体系和财政支持，包括普及的学前教育、儿童保健和社会支持。充足的财政支持使学前教育机构能够拥有高质量的师资队伍、教育资源和设施。这有助于确保教育质量，为儿童提供安全、富有创造性的学习环境。

以芬兰为例，《学前教育国家核心课程》在学前教育领域起着重要的规范和指导作用。该课程指南并不涉及具体的学科领域，而是鼓励学前教育工作者根据儿童的兴趣和发展阶段，在适当的时机组织与教学相关的活动。这种方法旨在促进儿童的探索精神和自主学习能力。该指南要求学前教育机构的教学活动需支持幼儿成为不断学习的健康个体。因此，在各种教学活动中，儿童都被鼓励进行探索、体验、行动、表达、参与和游戏，以获得丰富的学习经验。这种综合的教学方法有助于培养儿童的创造力、解决问题的能力和社交技能。政府通过提供必要的资源、培训机会和监管框架，确保学前教育机构能够按照课程指南的要求提供高质量的教育服务。这种政府支持为学前教育的发展奠定了坚实的基础，确保了教育的公平性和普及性。在芬兰，大约26%的市政教育支出用于学前教育，在全球位于前列。儿童家庭所需承担的学前教育费用由家庭的收入和家庭人口数来决定。芬兰政府采用公平和普惠的教育政策，以确保所有儿童都能够获得高质量的学前教育，并减轻家庭的经济负担。

瑞典《学前课程》强调共同游戏、包容及关爱他人。教学活动需要依据儿童的个体需求设计，而不是根据阶段性的具体目标开展。学前教育是国家教育体系的一部分，是独立的一个学习阶段，对儿童的学习与发展有重要意义，需要将其纳入教育体系中予以规范和支持。瑞典的学前教育经费由国家、地方财政和家庭共同承担。与芬兰相似，家庭承担的费用与家庭收入及家庭中接受学前教育的孩子数量相关。

（一）课程中对核心价值观的表达

在北欧各国的课程指南中，民主价值观的表达方式各不相同。在丹麦、冰岛、挪威和瑞典的课程框架中，民主被明确定义为课程指导文件的价值基础之一，因此"民主"一词在国家的课程指南中被多次提及；芬兰的课程指南则不同，其中并没有直接使用"民主"的字眼，但却处处强调民主的理念，如儿童的参与和影响。树立民主价值观也是早期教育机构的重要责任，幼儿园和学前教育工作者有义务为儿童提供体验和理解民主的环境和机会。在这里，儿童被视为未来的决策者，早期教育机构有责任为未来培养民主社会的合格成员。[1]

北欧的幼儿园强调儿童中心，以及快乐、游戏和社会发展的重要性。这些教育理念的产生受儿童心理学理论以及卢梭、裴斯泰洛齐和福禄贝尔教育理论的影响，这些理论均强调儿童的成长和发展是教师和保育人员对儿童天性的保护和先天能力培养的结果。学前教育成功的关键是在成人和儿童之间建立家庭般温暖、关爱的关系。在这种关系里，儿童可以发自内在地、快乐地成长。因此，北欧的幼儿园教育主要以游戏和艺术实践活动（如音乐、舞蹈、绘画）为主，帮助儿童形成个性，发展语言能力、想象力和社会能力。直至20世纪80年代，北欧的学前教育一直处于比较开放的状态。挪威当时的学前教育指导框架中提出"儿童需

---

[1] Einarsdottir J, Purola A M, Johansson E M, et al. Democracy, caring and competence: Values perspectives in ECEC curricula in the Nordic countries[J]. International Journal of Early Years Education, 2015, 23(1): 97-114.

从学前教育中获益，学前教育需支持和鼓励儿童的发展"。然而，到 90 年代初，北欧各国政府意识到，学前教育应该发挥更明显的教育作用，于是通过随后的各种改革将学前教育纳入教育体系，并为 1 ～ 5 岁儿童制定国家课程。1975 年，挪威出台了《学前教育法案》，明确指出幼儿园是教育场所，应确保儿童获得最佳的活动和发展机会。该法案强调，幼儿园不仅是培养知识和技能的场所，而且是确保儿童全面发展的场所。1982 年，题为《学前目标导向工作》(*Goal-Oriented Work in Preschool*)的部长手册呼吁开展更多的教师指导教育，并制定了年度教育日历。丹麦早在 1980 年就成立了学前教育委员会，其学前教育的管理理念与挪威相似："幼儿园应该给孩子们提供游戏的场所，并结合计划中的活动提供自由空间；幼儿教师应创造条件支持儿童的福祉、发展和独立；幼儿教师应该倾听儿童的意见，并在负责任的前提下对他们产生影响。"[①] 北欧对儿童的教育和保育采取的整体理念，将每个孩子视为独特的个体，无论孩子的背景如何，都强调"教育之爱"和温暖的关怀。[②] 在瑞典的《学前课程》中，学前教育工作者被赋予了价值观教育者和榜样的特殊重要角色，明确指出"学前教育中所有工作人员的方法、行为和言谈方式都会影响儿童对民主社会中权利和义务的理解和尊重"，学前教育工作者"要让儿童意识到人们可能拥有不同的价值观，这些价值观决定了他们的观点和行为"。

---

① Broström S, Jensen A S, Hansen O H. Values in Danish early childhood education and care[J]. Nordic social pedagogical approach to early years, 2017(1): 25-41.

② Van Laere K, Van Houtte M, Vandenbroeck M. Would it really matter? The democratic and caring deficit in 'parental involvement'[J]. European Early Childhood Education Research Journal, 2018, 26(2): 187-200.

（二）北欧幼儿园中的自由游戏：兴趣、好奇心与创造力的学习方式

自由游戏是指在一个开放的环境中，让儿童自主选择和决定他们想要参与的活动，而不受过多成人的指导或干预。在这种游戏中，儿童有权利根据自己的兴趣、好奇心和创造力来决定玩什么、怎么玩，以及与谁一起玩。自由游戏强调儿童的主动性和自主性，他们可以自由地探索、发现和创造，从中获得乐趣和学习经验。在自由游戏中，孩子引导着活动的方向，教师不会直接干预或影响儿童的参与。①

北欧的幼儿园自由游戏传统深受德国哲学家福禄贝尔的影响。1840年福禄贝尔创造了 kindergarten 一词，"kinder" 在德语中意为"孩子"，"garten" 意为"花园"，希望通过这个词语表达他对幼儿教育的美好愿景：孩子们如同小花朵，他们各自有各自的特点，需要被照顾，每一个人都很美丽，所有人在一起时就会让世界绚丽多彩。福禄贝尔认为游戏是儿童的内在本能，游戏和手工作业应该先于知识传授，是幼儿时期的主要活动。幼儿的自我活动先于认知，成人让幼儿自己决定自己的行动，成人不要加以干涉。孩子们应该通过自身的行动体验自然，进行创造性的活动，认知自己，了解自己。此外，福禄贝尔强调妇女应有接受教育的权利，他有关幼儿园女教师的思想在德国、丹麦甚至欧洲多国迅速传播。福禄贝尔非常重视游戏和活动对幼儿发展的重要意义，他认为人应该"像自然那样按其本性自由健康发展"。时至今日，福禄贝尔的教育思想与实践的深远影响仍在北欧延续：在丹麦和挪威，对"儿童保育中心"或"幼儿园"的称谓都与"kindergarten"有相同的含义。孩子们在幼儿园里自在地游戏，在户外自由地探索。除了福禄贝尔，尼尔（Alexander

---

① Einarsdóttir J. The role of adults in children's dramatic play in Icelandic preschools[J]. European Early Childhood Education Research Journal, 1998, 6(2): 87-106.

Sutherland Neill）、蒙台梭利（Maria Montessori）和斯坦纳（Rudolf Steiner）的教育理念也在北欧学前教育中发挥了重要作用。

20世纪以来，发展心理学家的研究成果表明游戏对儿童发展有着重要的影响，其中包括俄罗斯心理学家维果茨基（Lev Vygotsky）、瑞士儿童心理学家皮亚杰（Jean Piaget）、奥地利心理学家弗洛伊德（Sigmund Freud）及美国心理学家埃里克森（Erik H Erikson）等。他们认为每个孩子的个性、自我和身份都会获得发展，孩子们也会发展社会理解能力，学会与其他孩子互动。通过游戏，孩子们发展了基本的运动技能，发展了自我控制能力，并学着处理体验过但可能尚未完全理解的情绪和事件。通过游戏，孩子们了解周围的环境，形成对环境的认识，发挥想象力，并学会理解正在发生的事情以及世界是如何运转的。[①]这对北欧幼儿园开展自由游戏奠定了理论基础。

1. 自由游戏的特点

（1）强调儿童的自主性和独立性，尊重儿童的选择权

在北欧的幼儿园里，自由游戏的时间占了50%或更多。北欧的幼儿园强调儿童的自主性和独立性，以及通过体验和实践的方式促进儿童的学习和发展。这些特点在北欧国家的教育环境中具有重要意义，与传统教育方法形成了对比。首先，自由游戏在这里通常不受到成人的监管或干预，无论是室内还是户外，儿童有权自由选择在哪里以及用他们想要的方式度过游戏时间。其次，北欧的自由游戏体现了通过体验和实践让儿童学习的重要性。儿童可以自主选择参与感兴趣的活动，这使得这些活动在他们的生活中具有更深远的意义和相关性，并且通过亲身体验的方式，促使儿童更好地理解和掌握知识，从而培养他们的综合发展和学

---

① Winther-Lindqvist D A. The role of play in Danish child care[J]. Nordic social pedagogical approach to early years, 2017(1): 95-114.

习能力。

（2）"信任"在自由游戏中非常重要

首先，成年人对儿童高度信任非常重要。在北欧的幼儿园，成年人相信儿童能够自己照顾好自己，并能够相互照看。这种信任使得幼儿园的环境更加开放，也促使儿童有机会参与一些可能被认为具有风险的活动，从中学习如何自主地权衡风险和后果。信任也意味着放手，不仅是游戏过程中不对儿童进行干预，更重要的是教师在心理上真正地释放控制，不预设游戏的目标和规则，充分信任儿童并允许他们自主决定如何玩耍。这种做法将游戏的权利完全交还给儿童，实现真正的放手，进而发现他们独特的思维和创造力。在充满信任的环境中，儿童可以充分发挥想象力，探索自己的兴趣，与同伴互动，从而促进他们的认知、情感和社交发展。这种教育方式不仅强调孩子的自主性和独立性，也体现了对孩子能力和潜力的信任。通过真正放手，教育者可以更好地理解孩子的需求和兴趣，创造出更有益于儿童发展的学习环境。这种信任与北欧儿童发展的整体观念相契合，使儿童在适当的环境中能够积极地学习和成长，从而在今后的生活中更加自信和独立。

其次，儿童与成年人之间的信任关系对于自由游戏至关重要。在实践中，儿童可以参与一些被认为具有风险的活动，比如使用刀具或攀爬高大的树。尽管可能存在受伤的风险，但这种做法使儿童有机会学习如何计算风险，并权衡自己行动的后果。教师相信儿童具有一定的能力和判断力，能够在冒险性活动中自主决策和应对潜在的风险。这种信任是放手游戏的基础，使得儿童能够充分发挥想象力，探索未知领域，并从中获得有益的经验。在某些场地和使用特定器材时，教师可能会提前进行风险评估，以排除可能的潜在风险。这种做法的目的是确保儿童在参与活动时的安全，关键在于确定合理的风险，而不是完全消除所有潜在的危险。这意味着教师需要在提供挑战和保障安全之间找到平衡，创造出有吸引力的冒险体验。在适当的范围内引入冒险，儿童能够了解自己的能力范围，同时也能够感受到探索和尝试的乐趣。这种实践不仅有助于儿童的自信心和自主性的发展，还能够促进他们的创造力和解决问题能力的提升。在合理的风险范围内，儿童可以更好地理解和应对可能的挑战，在游戏和探索中获得更有意义的体验。另一方面，儿童也需要相信教师会确保他们的安全并在需要时提供支持和指导。这种信任可以让儿童更加放心地参与冒险性游戏，因为他们知道有教师在旁边关注和照顾。教师的支持可以帮助儿童建立自信心，培养他们应对困难和挑战的勇气。

在自由游戏过程中，儿童也需要教师的支持。这种支持不是剥夺自由游戏的"以儿童为中心"，而是为儿童提供机会，通过拓展他们的思维来丰富活动。① 北欧教师主要采取的支持方式有两种。

第一种方式是设计室内和室外的空间，并提供各种开放性的游戏材料，如积木、艺术用品、自然物品和服装等，从而激发儿童的好奇心和想象力。这些材料能使儿童产生足够的兴趣，激发他们自主探索和参与游戏。在丹麦的幼儿园里，教师为儿童提供各种游戏材料、布置游戏环境，让儿童根据自己的兴趣、需要，自由选择材料，参加室内外游戏活动，既可以进行绘画、泥塑，也可以进行折纸、木雕。教师会把幼儿园环境布置成家一样，有很强的舒适感，如摆放沙发、地垫和灯具等。幼儿园玩具的收纳整齐有序，幼儿园如同第二个"家"，玩具材料在使用过后也摆放整齐。北欧国家的幼儿园普遍设有"枕头房间"（pillow rooms）或"翻滚室"（tumble rooms），孩子们可以在无人监督的情况下尽情玩耍，释放活力。

第二种方式是教师为支持儿童的自由游戏提供多样化的游戏材料，

----

① Sylva K, Melhuish E, Sammons P, et al. The Effective Provision of Pre-School Education [EPPE] Project[J]. Children, 2003, 29(30): 31.

以满足不同兴趣和发展阶段的需求。例如，提供丰富的积木和构建材料，鼓励孩子们搭建不同的结构；准备多彩的艺术材料，让孩子们自由表达他们的想法；以及提供角色扮演道具，让孩子们创造自己的故事和情景。这些多样化的游戏材料能够激发儿童的兴趣，他们可以根据自己的意愿自主参与不同的活动，从而在游戏中实现自主和自由的发展。

（3）观察和响应

教师通过观察和响应来支持儿童的自由游戏。他们密切观察儿童的游戏、兴趣和互动，以了解他们的需求和喜好。当儿童发出邀请或表达兴趣时，教师会积极回应，参与到他们的游戏中。在游戏过程中，教师可以根据儿童的需要提供指导和支持，帮助他们克服困难，拓展游戏的可能性。这种观察和响应的方式让教师能够与儿童建立更紧密的联系，同时也促进了儿童在游戏中自主性和创造性的发展。

（4）鼓励社交和互动

教师为儿童的游戏创造了合作、分享和协商的机会，通过组织小组活动等方式，帮助儿童培养重要的社交技能。教师鼓励儿童一起合作完成任务，分享想法和资源，同时也教导他们如何就不同意见进行沟通和协商。这种社交互动不仅丰富了儿童的游戏体验，还培养了他们在团队中合作和沟通的能力。

（5）适时搭建学习支架。

尽管教师不直接干预儿童的游戏，但通过提问、建议或拓展等方式，拓展儿童的思维，鼓励他们自己解决问题。这种支架的作用增强了游戏中的学习机会，使儿童能够在自主探索的过程中获得更深入的认知和理解。通过敏锐的观察和针对性的引导，教师能够帮助儿童充分发挥他们的想象力和探索欲望，从而促进他们的学习和发展。

（6）记录和反思

教师使用照片、视频或书面观察的方式记录儿童的游戏体验。这些记录有助于教师更好地了解儿童的学习历程，从中获得有关儿童兴趣、发展和需求的信息。通过对记录进行反思，教师能够深入分析儿童在游戏中的表现和表达，从而更好地支持他们的学习和成长。这种记录和反思的过程有助于教师持续改进自己的教学方法，确保儿童能够在富有意义的环境中充分发展。

（三）户外游戏特色课程促进身心协调发展

在北欧国家，人们一致认为大自然是儿童游戏、社会活动和文化养成的最佳场所。与自然的密切联系是北欧国家身份认同的重要组成部分。[①] 北欧人十分重视户外活动，一家人在山间小屋中度过周末和假期，十分欢乐。在北欧，自然被赋予了超越自然与文化差异的时空和文化维度，人类、动物、植物、森林和海洋共生共存。

1. 北欧的气候条件及户外生活传统

北欧国家分布于北温带和极地，由于地理位置的差异，气候变化较大。冰岛沿海低地的1月平均气温约为0℃，而冰岛中部高地通常低于−10℃。在挪威，沿海地区的冬季较为温和，而内陆地区则十分寒冷。挪威1月的平均气温为−6～3℃。瑞典和芬兰北部的夏季气温为8～16℃，更南部为13～22℃。冬季时，北欧南部地区每天只有五六小时的日照时长，而北部地区几乎没有白天。夏季的六七月，北欧北部地区几乎没有黑夜，这就是著名的"午夜太阳"。

北欧国家物质生活富足、环境优美，大自然就是娱乐和福祉的场所，

---

① Grindheim L T. Exploring the taken-for-granted advantage of outdoor play in Norwegian early childhood education[M]//Outdoor learning and play: Pedagogical practices and children's cultural formation. Cham: Springer International Publishing, 2021: 129-144.

因此大多数人的业余时间在户外度过。历史上，钓鱼、打猎、采集浆果和蘑菇是北欧农村家庭日常生活的一部分。自17世纪以来，对自然资源的利用已经从维持家庭生活转变为服务于经济、休闲、社会和精神需求。随着生活水平的提高，大多数北欧国家（冰岛除外）的人们开始将古老的森林活动视为娱乐，将森林作为欢乐与和谐的自然之地。更有部分北欧人在乡间、海边、林中等幽静之地建造一所小木屋，闲暇时在木屋中度假。家庭成员一起做一些传统活动，如伐木、建造家具、古式烹饪等。户外生活和娱乐已经融入了北欧人的文化，爬山、滑雪、徒步是日常生活中必不可少的一部分。此外，北欧各国对公民进入自然区域进行远足等户外活动提供了立法保障和责任约束，如丹麦的《自然保护法》、挪威的《户外娱乐法》等。这些法律规定人们有权自由进入未开垦的土地，并有权在私人拥有的自然区域（如林地、山区、海滨、河流等）行走和逗留。幼儿园也可以组织儿童自由地在森林和自然环境中进行远足和旅行。

2. 北欧课程文件对户外游戏作了明确规定

北欧各国的学前教育国家课程指南里规定了本国学前教育的任务和内容。幼儿园的日常活动以参与、民主、权利、游戏、社会关系、尊重自然、可持续性发展和个人需求等价值观为基础。学前教育课程指南强调了儿童游戏的权利以及给予儿童自由游戏和自主探索机会的必要性。正如挪威《幼儿园框架计划》中强调，"户外游戏和活动是儿童文化的重要组成部分，无论地理和气候条件如何，都必须保持这种文化"。在实践中，这意味着儿童被视为积极生活的创造者。因此，北欧学前教育机构的儿童有权就其日常活动表达自己的想法，他们还被赋予了定期参与规划和评估活动的机会。挪威的学前课程指南中明确指出"应根据儿童的年龄和成熟程度给予儿童适当的重视"。 芬兰的课程指南中也有类似的规定，"适当重视儿童的观点……要让儿童觉得他们被欣赏和接受，他们被听到和看到"①。

3. 北欧幼儿园户外游戏的特点

（1）强调自主性和探索性

游戏是儿童学习的主要途径，在操场或自然中进行户外游戏占据了幼儿在园的大部分时间，是北欧幼儿园日常活动的重要组成部分。学前教育应赋予儿童充分的自由和机会，让他们在不同的户外环境中玩耍和探索，进而增强儿童福祉，促进儿童学习和发展。在北欧的幼儿园里，户外活动以自由游戏的形式为主，儿童可以自己决定游戏的内容、地点和伙伴。儿童通过自主游戏建立归属感、友谊和自己的社区。挪威《幼儿园框架计划》中明确规定，"幼儿园应该为游戏、友谊和孩子们社区提供良好的环境"。

北欧的教师和学前教育机构十分看重儿童在自然环境中自由、自主游戏。首先，北欧教师们在户外活动的过程中更少地进行控制和干预。他们普遍认为自然环境提供了更为自由的学习和游戏空间，这与他们对"自由"游戏的看法紧密相连。这种减少教师控制的态度反映了鼓励儿童自主探索和创造的价值观。在户外的自由游戏中，儿童可以更自由地表达自己，与其他儿童建立社交关系，发展创造力，培养解决问题的能力。其次，北欧教师强调儿童在户外学习中全身运动的重要性，即具身学习。他们认为通过与自然环境互动，儿童可以更全面地发展身体技能、感官认知以及情感和心理能力。这种具身学习不仅能促进认知方面的学习，还能借助身体运动和感知体验促进综合发展。这种身体与心智的整合在北欧教育中被视为关键的发展维度。此外，北欧教育非常注重儿童自尊心的培养。他们认为户外活动和自由游戏有助于孩子们建立自信，更好

---

① Sandseter E B H, Lysklett O B. Outdoor education in the Nordic region[J]. International handbook of early childhood education, 2018(1): 889-906.

地理解自己的价值和能力。研究显示，在户外活动中主动面对挑战和冒险的孩子能够更好地应对风险，进而增强他们的自尊心和自信心。[1]在自然环境中，孩子们有机会克服障碍，取得成功，从而树立积极的自我形象。

（2）注重儿童多任务游戏和多角色扮演的价值

儿童参与户外活动的过程中，有机会同时参与多个活动，例如在沙水游戏中取水的同时进行角色扮演。这种多任务处理的经历锻炼了儿童的创造性和灵活性。他们尝试在不同的活动之间灵活切换，同时完成多项任务，从而培养了处理问题和适应情境的能力。户外活动鼓励儿童在自由环境中展现创造性思维，提出新的想法和解决问题的方法。

北欧户外游戏中的角色扮演是促进儿童发展的一条重要途径。在户外环境中，儿童有更多机会参与多样化的角色扮演，如模拟家庭游戏中的不同角色；观察社会职责不同的人的状态，如垃圾车工人的行为活动。教师们鼓励儿童通过角色扮演来扩展他们的经验和视野。当儿童扮演特定角色时，他们会参与与该角色相关的活动。在这些活动中，儿童逐渐培养了责任感和服务意识。通过担任不同角色，儿童不仅可以增进对社会角色和职责的理解，还能够培养协作、领导能力以及与他人共同完成任务的能力。因此，户外活动中的角色扮演不仅仅是儿童娱乐的一种形式，更是培养儿童全面素养和社会意识的重要途径。在教育实践中，教师鼓励儿童在户外环境中扮演不同角色，以促进他们的自我发展和社会参与能力的培养；关注儿童在角色扮演中的成长需求，提供适当的引导和支持，使他们在角色扮演中获得更丰富的体验和收获。丰富多样的户外环境为儿童提供了各种学习机会，从自然元素到社会情境，都能够增强他们的感官刺激和创造性发展。通过户外活动，儿童能够在多任务处

---

① Sandseter E B H. Risky play and risk management in Norwegian preschools—A qualitative observational study[J]. Safety Science Monitor, 2009, 13(1): 2.

理、创造性思维、问题解决和社交互动等方面获得全面的发展。

（3）自然与环境相融合以及对季节变化的利用

北欧幼儿园通常会利用自然环境，如森林、草地和水域等，为幼儿提供丰富多样的户外游戏体验。这种环境融合有助于培养幼儿的环境意识和对自然的尊重。北欧地区季节变化明显，幼儿园可以充分利用不同季节的特点，组织相应的户外游戏活动。例如，冬季可能会有雪地游戏，夏季可能会有水上游戏，从而让幼儿充分感受季节的变化。

由于气候的季节性变化，儿童需要有适合不同气候的衣服，包括合适的外衣和靴子，以防雨雪和温度的变化。北欧地区流行一句话，"没有不好的天气，只有不合适的衣服"。父母需要根据气候变化给孩子选择不同的衣服，如果在游戏时衣服出现了损坏，老师会告知家长及时更换。幼儿园里有不同的户外活动器材，常见的有三轮车、球、小沙铲、水桶等。在雪季，有的幼儿园会为孩子们提供小雪板，可以滑下小山丘，孩子们也会带上自己的滑冰滑雪装备，享受冬天的乐趣。北欧幼儿园的户外操场上，有一些常见的活动设施，如秋千、滑梯、沙坑、攀岩墙等，但除了操场外，大自然也为孩子们提供了更加天然质朴、更具挑战性的游戏和学习场所。老师们带领孩子们在附近的小树林、小山上建起自己的营地，定期来参观玩耍。孩子们还有机会接触到幼儿园附近的天然景观，满怀好奇心地进行探索活动。

位于斯堪的纳维亚半岛的一些幼儿园拥有丰富的自然环境资源，儿童可以在大自然中自由地游戏和学习，本书中把此类幼儿园称为自然幼儿园。自然幼儿园的基本理念是儿童在与大自然的亲密接触中获得知识和理解，在自然环境中进行各种活动、学习各种文化知识。在这类幼儿园中，自然主题及自然探索活动是幼儿园的核心内容，教师通常具有学前教育和环境教育两方面的专业知识。在 20 世纪 50 年代，丹麦的一些幼儿园已经开始了以户外生活和徒步旅行为主要活动的尝试，1952 年艾拉·法拉陶（Ella Flatau）在丹麦创办第一所森林幼儿园—"漫步幼儿园"。至今，丹麦已有数百所自然幼儿园。在冬季，挪威约 69% 的自然幼儿园时间超过 4 小时。在春季和夏季，自然幼儿园户外活动时间都超过 4 小时，87% 的幼儿园在夏季的户外时间超过 6 小时。这意味着从 9 点到 15 点，几乎一整天的时间都在户外。因此，父母也在户外区域接送孩子。自然幼儿园通常会外出旅行或徒步，也有一些固定的营地，自然幼儿园的孩子们可以自己为其命名，比如"鹰巢""驼鹿沼泽"。[①] 如果一整天的时间都呆在户外或森林里，需要有完善的活动组织规划，以确保儿童和教师在森林中的活动能够顺利进行。在入园初期，老师会帮助儿童建立一些规则，如等待区域、活动的范围在哪里，看到别的小朋友走得太远需要提醒他等。无论是年龄多小的儿童，通常都会背着自己的背包，里面有替换的衣服和可供充饥的食物。随行的老师也会带上需要的活动器材、卫生用品、尿布、急救包等。到达目的地后，孩子们把背包放在集中的位置，开始当天的游戏……

户外游戏在学前教育中扮演着重要角色，与教育质量有着密切关系。北欧国家强调儿童与自然的紧密联系，将户外活动视为促进儿童全面发展和积极学习体验的重要手段。这种强调与北欧国家对自然的深刻认识和由来已久的文化传统紧密相连，户外游戏是学前教育的核心组成部分。然而，随着教育环境和社会需求的变化，一些矛盾和冲突也浮现出来。政府和社会对学前教育的期望越来越高，希望通过教育来解决多种社会问题。这可能导致学前教育机构在追求教育质量的同时，需要在多个方面进行权衡，如实现性别平等、提供多样化的教育内容以及满足社会需求等。因此，如何在保持户外游戏核心价值的同时，满足学前教育的多重要求，一直是有挑战的课题。

---

① Sandseter E B H Lysklett O B. Outdoor education in the Nordic region[J]. International handbook of early childhood education, 2018: 889-906.

二、社会教学法的传统及挑战

（一）北欧国家社会教学法取向：关注整个儿童

社会教学法取向的学前教育注重培养儿童全面的发展，强调通过日常经验、互动活动、游戏和人际关系来促进儿童的学习与发展。这一教育取向的核心理念是将儿童视为整体。在儿童的日常生活中创造丰富的学习机会，让他们通过互动与合作来获得知识、技能和情感发展。"教育工作者旨在关注整个儿童，即拥有身体、心智、情感、创造力、成长经历和社会身份的孩子。儿童不仅仅是情感的孩子（心理治疗方法）、身体的孩子（医学或健康方法），也不仅仅是思想的孩子（传统的教学方法），对于教育工作者来说，与整个孩子在一起工作学习，给予他们日常工作层面的关怀、教养是活动中密切相关、不可分割的一部分。"[①] 广泛的学习理念强调儿童通过游戏和参与来学习，这是以儿童为中心的学习和发展方法。

在北欧社会教育传统中，教育工作者扮演着引导者和关怀者的角色，他们通过与儿童共同参与有意义的活动来建立密切关系，促进儿童的学习和发展。这一教育取向强调人际关系的重要性，认为儿童与成年人之间的互动、互信、互助是儿童茁壮成长的关键因素。教育工作者在这种模式下，不仅传授知识，更要通过密切的互动帮助儿童建立自信、培养社交技能和探索自己的创造力。

美国研究人员朱迪思·瓦格纳（Judith Wagner）曾对丹麦的幼儿园进行了研究，她注意到丹麦的学前教育专业人员通常不愿被称为教师，因

---

① Ringsmose C. Global education reform movement: Challenge to Nordic childhood[J]. Global Education Review, 2017, 4(2): 92-102.

为他们并不是在"教育"孩子，而是看护照料儿童的同时积极引导儿童自主学习。丹麦早期教育专业人员所称的"关怀"与美国所称的幼儿发展适宜性教育有相似之处。然而，丹麦的教育工作者不接受"教学"这个术语，更倾向于用"学习"来取代。[①]丹麦的教育工作者认为，他们不仅是在传授知识，更是在关怀儿童，让儿童在参与民主社区的过程中成长。

（二）社会教学法取向面临的挑战

随着社会的发展，北欧国家正在重新审视和调整他们的学前教育政策和教育方法。政府在选择优先事项时面临着学前教育服务标准化的压力，当然也出现了北欧模式关键特征被侵蚀的迹象。[②]国际上，标准化测试等质量保证方法变得非常普遍，尽管标准化可以被视为确保每个孩子在任何地方都能接受高质量学前教育，但与此同时，标准化也带来了越来越复杂的评估体系，这在北欧国家引发了争论。

比如，2014年有教育部长指出需更加关注儿童的学习，并尝试开展了一个有着较强结构化活动的项目。在这个项目中，一些儿童在接受衡量认知和社交能力测试时显示出了压力。这一事件在媒体上一经报道，就引发了巨大的争论，受到了来自多个方面的严厉批评。丹麦社会教育师工会（BUPL）、家长组织（FOLA）以及许多教育工作者和研究人员都表示强烈反对。抵制的主要原因一是认为该项目窄化了学前教育的目标，使教育看起来更像教学，会导致教育工作者更倾向于关注结构化计划和狭窄知识点。二是认为这是对儿童发展的狭隘理解，测试并不能反映教

---

① Wagner J T. An outsider's perspective[J]. Childhoods and early education in the Nordic countries. W: J. Einarsdottir. JT Wagner (red.), Nordic childhoods and early education, 2006(1): 289-306.

② Nordic Council of Ministers. Pedagogy in ECEC[EB/OL].(2016-09-22)[2023-03-23]. https://norden.diva-portal.org/smash/get/diva2:1093973/FULLTEXT01.pdf.

育实践的结果。

此外，北欧国家普遍的公共资助的学前教育服务理念牢固地扎根于北欧的立法，但市场化和私有化的观念已经传播到北欧国家，北欧各国正在研究如何应对市场化和私有化的影响。

三、北欧儿童的学习环境

学习环境在北欧幼儿园中有较宽泛的内涵，包括物质环境，师幼比，教师、儿童、物品三者之间的互动关系，以及这些关系在实践中的形成过程。从质量的维度分析，学习环境的结构质量包括物理空间，教育资源，园长、教师的资格，时间管理，活动计划，师生比例和班级规模等几个方面。过程质量涉及了如何将这些结构性因素融入教学实践、沟通和互动中，以促进儿童的学习和发展。过程质量重视儿童在幼儿园环境中的参与度和影响力，以及幼儿园对儿童声音和观点的关注程度。结果质量取决于不同维度和不同方面之间的相互影响。例如，在数学学科方面，互动和关系质量可以通过材料的使用、教师对数学概念的理解、引入数学主题的方法、儿童在数学方面的学习经历等来评估，关键是要考虑各个方面之间的相互作用和关系。在研究、文档记录和分析中，需要全面了解所有维度和方面，将它们汇总整合，重点是如何通过内容、教学过程、沟通和互动来支持儿童的学习和发展，使他们能够更好地参与幼儿园的活动实现自我成长。

在一项关于瑞典幼儿园质量的研究中，提出了三种不同质量的学习环境，分别是分隔和限制的环境、以儿童为中心的协商环境和具有挑战性的学习环境。① 该研究发现了低质量、良好质量和高质量的学习环境，表明儿童在幼儿园中的学习机会存在不平等。研究结果显示，低质量的幼儿园缺乏相互交流的机会，教师与儿童之间的沟通和互动较差，儿童的主动参与机会较少。在这样的幼儿园中，教师忙于保持控制和维持秩序，教师和儿童在进行活动时似乎追求并行但分离的路径，双方从未真正融合。教师和孩子似乎有不同的意图或双方对彼此的意图不知情，这意味着他们获得了不同的经验。评估为高质量的幼儿园中，学习环境为儿童提供了丰富的挑战和学习机会；教师更关注孩子的兴趣、经验和知识形成，关注幼儿园的整体目标的达成；教师和儿童似乎都专注于彼此的共享和互惠。

（一）北欧学前教师和教学领导力

21 世纪初，一项对英格兰和北爱尔兰不同类型幼儿园中 3000 名儿童的学习和发展进行的大规模纵向研究项目的研究结果显示，教师的质量对学前教育质量有关键作用。高质量的幼儿园与教师的能力和专业素养密切相关。② 教师的专业能力不仅包括他们的教育背景和理论知识，还涉及他们的态度、价值观以及对儿童学习和发展的认知。这些教师能够创造积极的学习环境，积极参与儿童的学习过程，并在互动中与儿童共同

---

① Sheridan S. Discerning pedagogical quality in preschool[J]. Scandinavian journal of educational research, 2009, 53(3): 245-261.

② Siraj-Blatchford, Iram. Creativity, communication and collaboration: The identification of pedagogic progression in sustained shared thinking[EB/OL].(2007-03-03)[2023-08-02].https://www.researchgate.net/profile/Iram-Siraj/publication/290804051_Creativity_communication_and_collaboration_The_identification_of_pedagogic_progression_in_sustained_shared_thinking/links/642c165e4e83cd0e2f8dc7b6/Creativity-communication-and-collaboration-The-identification-of-pedagogic-progression-in-sustained-shared-thinking.pdf.

关注学习对象。教师与儿童之间的互动充满了沟通、互惠，他们共享兴趣、关注点和学习对象。

北欧学前教师在工作中展现出的教育领导力主要包括三个类别：组织活动，促进核心领域发展，对儿童进行激励和支持。以上三个类别中的教育领导力无论在教师发起的活动、儿童发起的活动还是基本活动中都能得到充分体现。[①] 教育活动贯穿一日生活，在实际操作中，组织教育活动、促进核心领域发展，以及对儿童进行激励和支持并不是孤立发生的，它们经常相互结合。教学领导力和北欧强调的（整体教育）（holistic pedagogy）密切相关，在这个过程中，教师特别关注儿童在身体、社交和情感方面需要的支持。

组织教学活动时，教育领导力因应用情境的不同而有不同的体现。在教师发起的活动中，教师扮演为儿童提供活动结构和计划的角色。这类活动通常是提前计划的，教师制定活动的内容、结构和目标，但也会根据对儿童的观察以及儿童自己的想法调整活动内容。比如，在晨间活动时，老师告诉孩子们，他们将为即将举行的演出练习两首歌曲。早餐时，老师听到孩子们在讨论前一晚天空中出现的极光。在孩子们激发下，教师决定选择一首关于北极光的歌曲作为演出曲目。在儿童发起的活动中，教师的教育领导力与社会结构组织相关，教师从儿童的视角出发，在活动中持开放的态度，回应儿童的愿望和需求，促进支持性关系的形成。如，两个男孩子在户外活动中产生了冲突，来找老师寻求帮助。教师找到一个特定的地方与男孩子们进行沟通，在主导对话过程的同时认真听取并理解孩子们的讲述。无论是在教师发起的活动还是在儿童发

---

① Bøe M, Heikka J, Kettukangas T, et al. Pedagogical leadership in activities with children–A shadowing study of early childhood teachers in Norway and Finland[J]. Teaching and Teacher Education, 2022, 117: 103787.

起的活动中，教育领导力都体现为保障良好的学习环境，同时促进互动、合作和支持性社区的建立。

此外，教师的教育领导力还涉及处理预设和生成之间的关系。这一关系涉及教师的预先计划（教师预设）和儿童的创造性表达和学习（儿童生成），两者共同构成了课程的形成方式。然而，这并不是固定的标准化操作程序，而是行动原则，因为它无法为每个步骤提供具体的时间比例，也不可能规定每个预设和生成的时机。相反，这种方式提供了指导原则，以便教师在教学过程中灵活地平衡预设和生成。每个教师对指导原则的理解和对儿童的了解都会成为他们行动的指南。教师会根据自己的经验、专业知识和学生的需求来确定预设和把握生成的具体内容。如，一位幼儿园老师帮助一个男孩整理衣服下摆，说："我们要穿上雨裤……"男孩立刻生气了："噢……那就太热了！"他沮丧地扭动着身体，摔倒在地上："我不穿雨裤！"老师拿着雨裤，用疑惑的声音说："你有这些……嘿，你知道吗？你可以选择。你是对的！你可以选择那些裤子，你上周也穿过那些。你想把裤腿放在靴子里面还是外面？"男孩沮丧的脸逐渐放松下来，他回答道："我自己可以弄。"老师点点头："是的，很好。你可以选择如何穿。"[1]尽管大部分活动中教师都预先计划了环境的设计和实践的过程，但在进行过程中都有生成性的内容，教师在基于儿童提议、已有经验和需求的情况下对规则进行非常灵活地处理。

在教学活动中，教师通过预先计划和即兴生成的方式来引导儿童进行不同核心领域的学习。教育领导力的重点体现在教师如何在教学和基于游戏的方法之间灵活切换，以支持儿童的学习，开展整体教育。比如

---

① Bøe M, Heikka J, Kettukangas T, et al. Pedagogical leadership in activities with children–A shadowing study of early childhood teachers in Norway and Finland[J]. Teaching and Teacher Education, 2022, 117: 103787.

教师通过提供手工艺材料来组织儿童的创意活动，或者通过组织滑雪、雪地游戏等，进行户外活动。他们在教学和游戏中的转换，有助于儿童在多个领域中获得丰富的学习经验。在教师发起的活动中，教师通常引导儿童在角色扮演、学习活动中发展社交能力。在儿童发起的活动中，教师常以事件驱动的方式，关注儿童的兴趣，将游戏和学习融合在一起。

为儿童的学习和发展提供激励和支持是教师教育领导力中一个重要的方面。在教师发起的活动中，教师通常关注特定的儿童群体，引导他们参与各种活动。在活动过程中采取不同的支持方式，如社会支持，以促进儿童之间的互动和合作；口头鼓励、肢体语言的反馈等来加强儿童的自信和儿童之间的合作。例如，在儿童的小组活动中，教师引入医生游戏以鼓励积极互动。教师为儿童角色扮演提建议，当孩子们热情地参与医生游戏时，教师积极支持，并鼓励他们之间的互动。在儿童发起的活动中，教师关注个别儿童，提供情感支持和激励。他们聆听儿童的想法并帮助他们付诸实践，通过激活思维和创造支持性环境，扩展儿童的认知能力。教师通过提供想法并回应个别儿童的要求来支持游戏。在日常生活活动中，教师在满足儿童基本需求的同时，注重培养儿童的自主性和对需求和情感的认识，常通过表扬、指导和协助提供支持。在穿衣和进餐等活动中使用身体接触的指导方式，示范正确的技巧，帮助儿童树立自信心。北欧教师使用各种方法来激发和支持儿童的学习和发展，如为活动创造适宜环境，分配任务，提供情感关怀等。通过不同形式的支持，教师培养了儿童的合作、独立和自信，展现了有效的教育领导力。

（二）幼儿园园长的领导：开展系统性的质量工作

园长是一所幼儿园的管理者和领导者，他们与教师、儿童、学习环境和社会的日常互动密切相关，因此园长对质量的理解以及对职责的履行情况直接关系到幼儿园的质量水平。与其他国家相比，北欧幼儿园的园长更加关注幼儿和教师的权益、重视多方合作建立信任及和睦的关系，以此促进幼儿园的高质量、可持续发展。

国际社会对学前教育质量的关注也对园长的质量工作提出了更高的要求，北欧各国在国家课程文件中都有着明确的规定。如，瑞典园长的角色和职责在 2010 年修订的《学前课程》中发生了变化，幼儿园园长必须通过系统的质量工作来履行职责。《学前课程》对园长的职责进行了规定：负责幼儿园的质量；为员工提供定期的学习和发展机会，以便员工能够以专业的方式完成工作任务；创造教育环境，使儿童每天都在适宜的园所氛围进行学习；发展幼儿园与家庭之间的合作形式，确保家长了解幼儿园的目标和工作方法。

系统的质量工作首先体现在对幼儿园的组织和管理上。主要包括处理园所内外各种关系，如与教师、幼儿、家长及其他幼儿园或社会部门的合作等。近期对瑞典园长的一项调查显示，很多园长认为自己支持和领导幼儿园教师学习的能力有限，这在一定程度上引起了他们对自身的不满。一些园长同时承担园长和教师的工作，因此他们对教师的工作量和工作条件能够感同身受。尽管他们可以通过使用物质奖励等方式来表达对教师付出的感激之情，但仍然没办法与教师实现完美合作，因为"课程目标是教师需努力实现的，而不是必须实现的"。[1] 在实践中，许多园长尝试采取合作的方式来处理工作中的各种关系，以增强员工的工作热情，提高家长的满意度。例如，他们通过平等的对话、举行教师会议等方式为教职员工提供发表意见的机会，以便教师们能够参与决策和分

---

[1] Prosalenti G. Preschool quality in the Swedish context: Preschool Heads' Perspectives and Actions[EB/OL].(2019-09-05)[2023-08-23].https://www.diva-portal.org/smash/get/diva2:1344900/FULLTEXT01.pdf.

享想法。这种合作的方法有助于建立积极的工作氛围，增强员工的归属感和责任感，从而提高他们的投入和热情。此外，园长通过安排家长会议、讨论孩子发展等活动来与家长保持沟通。同时为教职员工提供工作方法、与家长沟通技巧等，如鼓励教职员工使用某些特定的词汇与家长交流，不仅工作时间内为家长提供服务，业余时间也与家长保持联系等。通过这种开放的交流，园长们能够更好地了解家长的关注和期望，从而更好地满足家长的需求，提高家长的满意度。处理外部关系需要具备更宏观的质量观，即把园长系统质量工作视为市政府整体性质量工作的一部分，这部分工作质量甚至关系到整个教育体系的质量。

园长系统质量工作的另一项重要工作是通过制定基于质量原则的延续性的自我评估材料，在市政府和幼儿园之间建立联系。这项工作涉及责任机构对幼儿园园长在单位层面领导和组织质量工作的控制。研究指出，这种总体控制会以不同的方式影响幼儿园的工作。在一些市政府中，市政府与幼儿园之间的关系建立在一套统一的自我评估材料上，这些材料包含了计划在工作团队和单位层面使用的质量标准。此外，研究还指出，总体控制主要是为了支持本地幼儿园的系统性质量工作。然而，这种控制也带来了一些挑战，比如实施新的质量体系需要时间，同时也可能导致质量工作的形式大于内容等问题。[①]内部评估材料主要包括三部分内容：①对儿童能力发展的文档记录。文档记录儿童的学习过程、兴趣和能力，特别是与课程目标领域相关的内容，包括儿童在不同领域的发展情况、兴趣爱好以及能力。文档可以采用多种方式，如笔记、采访录音、照片、教育文献、反思记录等。文档通常存储在计算机文件夹或纸质环形文件夹中。②对教学质量的评估材料，包括对课程目标的达成程

---

① Håkansson J. Organising and leading systematic quality work in the preschool–preschool managers' perspectives[J]. School Leadership & Management, 2016, 36(3): 292-310.

度、儿童的学习进展以及教育活动的有效性评估等。评估可以通过观察、分析数据、与儿童和家长的交流等方式进行。园长定期对课程目标的实现情况进行评估，以确保工作在正确的方向上开展。③组织会议研讨。进行文档记录和质量评估时，园长组织会议对具体的操作方法和工具进行讨论。包括如何观察儿童在不同情境下的表现，收集学习成果的样本，如何与儿童沟通以了解他们的兴趣和看法等。此外，园长还会组织调研，定期研究文档和数据，以便了解儿童的发展趋势和水平，同时也可以从中找到改进教学质量的机会。

（三）多渠道提升师幼互动质量

儿童天生具有学习和理解的能力，通过与周围世界进行沟通和互动来实现这些理解。[①] 在这一理论视角下，认知、社交和情感等方面的发展是相互联系、无法割裂的。它们共同构成了一个整体，其中学习被视为通过体验、行动和与环境的交流而发生的视角转变的过程。反过来，环境以各种方式与儿童进行互动，影响他们的学习过程。儿童的学习和发展是通过与环境的互动来实现的，他们的认知、社交和情感等方面是相互作用的。在北欧社会教育的背景下，儿童之间的互动以及儿童与成人之间的关系被视为儿童成长和发展的核心要素。其中教师与儿童之间的关系对于孩子的个人、认知和社会发展至关重要。世界卫生组织的相关研究显示，成人对儿童表达的敏感性以及成人对儿童信号的回应是否与

---

① Sommer D, Samuelsson I P, Hundeide K. Child perspectives and children's perspectives in theory and practice[M]. Springer Science & Business Media, 2009.

儿童的表达一致，这是儿童与成人之间高质量互动的重要因素。① 此外，成年人的个性、幸福感以及与儿童的互动也会影响儿童与成人之间的关系，从而对儿童的发展产生影响。OECD 的报告将优质学前教育的本质描述为"与儿童进行刺激性、亲近性和支持性的互动"。②

国际研究表明，成年人与幼儿在学前教育环境中互动的性质、频率和质量会影响儿童的认知和社交技能以及健康和幸福感。成人与儿童之间有意识、个性化并专注于建立促进高阶思维技能的教学讨论，以及促进和鼓励儿童表达和接受语言技能的互动对儿童的学习和发展产生的影响最大。③ 良好的师幼互动在北欧学前教育质量提升中具有诸多价值。它是实现教育目标的重要途径，教师与幼儿互动，有助于引导幼儿在认知、语言、社交和情感等领域发展。师幼互动促进幼儿的全面成长，教师的关怀和指导能够激发幼儿的学习兴趣和积极性，培养幼儿的自主学习和问题解决能力。此外，良好的互动可以创造积极的学习环境，鼓励幼儿参与学习，培养幼儿的创造力和好奇心。同时，师幼互动也有助于建立安全的情感关系，教师的关心和支持让幼儿感受到被重视，因此可以培养幼儿的情感管理能力和社交技能。

1. 提升教师师幼互动的知识水平和能力

（1）师幼互动的知识和能力要求

● 必备的领域知识和教学知识

---

① World Health Organization. The importance of caregiver-child interactions for the survival and healthy development of young children: A review[EB/OL]. (2004-09-05)[2023-06-09].https://iris.who.int/bitstream/handle/10665/42878/924159134X.pdf

② OECD. Starting strong II: Early childhood education and care[EB/OL]. (2006-09-14)[2022-03-23]. https://www.oecd.org/education/school/37519079.pdf.

③ Pianta R C, La Paro K M, Hamre B K. Classroom assessment scoring system™: Manual K-3[M]. Paul H Brookes Publishing, 2008.

北欧研究者研究了在不同领域知识学习的过程中，教师需具备的领域知识、教学知识和运用这些知识的能力。

在数学学习中，教师在支持儿童学习数字、测量、形状以及空间、时间概念时，沟通和互动能力是必不可少的。在不同的学习任务中，教师需要引导儿童思考、讨论、记录并解决遇到的问题。教师灵活选择直观的教具和物品，使儿童能够对物体进行分类、排序和比较。教师会提出明确的问题，帮助儿童解决数学问题，例如询问需要多少石头来做一个小怪物等。在此过程中，还为儿童设置挑战性的任务，如让儿童进行估算和测量。同时，教师在数学教学中的关键能力还包括运用数学演变的过程让儿童看到数学的源头，帮助儿童记录和评估自己具备的数学经验的技巧。

此外，教师在一段时间内以系统和多种方式处理相同的问题也非常重要。在音乐教学中，教师旨在发展儿童对音乐的感知能力。在教学方法上，教师尝试使用不同的策略，其中可能包括使儿童感到困惑的策略。

● 对教育时机的敏感观察和响应能力

在北欧幼儿园里，师幼互动不仅是教育方法，其过程也是对儿童幸福、安全感、安全性和照顾的关注。教育可以被理解为儿童和教师之间的一种互动资源。[①] 通过观察儿童的游戏信号和时机，教师可以将自身知识转化为具体的教育实践。这些综合性和互动性的实践对教育的质量产生了重要影响，特别是在与幼儿的互动过程中，需要教师随时进行敏感观察和响应。

其中教师的情感支持也非常重要。教师需要温暖、敏感地回应儿童的需求，并为儿童提供适当程度的自主权。例如，在绘本故事的推进中，

---

① Pursi A, Lipponen L. Constituting play connection with very young children: Adults' active participation in play[J]. Learning, Culture and Social Interaction, 2018, 17: 21-37.

看到有的孩子遇到了困难，他们会问："这个故事是怎么开始的呢？"他们重复儿童的话，并且参与故事讲述，通过提出建议来帮助儿童推动故事的发展。通过不断鼓励儿童，用这种方式让儿童知道自己就是"故事讲述者"。教师熟悉每个儿童独特的讲故事方式和叙事技巧。因此，教师在引导儿童完成故事叙述的过程中起到了重要的作用。教师对每个儿童的经历与叙述方式的了解，也在鼓励儿童以叙述形式讲述自身的生活经历时起着关键作用。①

● 支架幼儿学习的能力

在北欧，学前教育的任务是有意识地引导儿童形成他们的个人身份，使他们认识到自身的行为会对其他人和周围环境产生影响。学前教育体系强调儿童的主动性和参与性，儿童要懂得尊重个体差异，因此，学前教育中的学习概念被视为一个动态的过程，在这个过程中，儿童积极参与，他们的社会文化、实践和价值观都会逐渐社会化。②

支架教育方法基于维果茨基的社会文化理论，学习首先在社会层面上发生，然后才在个体层面上发生。最近发展区（ZPD）是指一个学习者在特定时间内，能够在有帮助的情况下完成某项任务，但无法在没有帮助的情况下独立完成的能力范围。这个区域位于学习者实际发展水平和潜在发展水平之间，潜在发展水平是指学习者在受到适当支持和指导时能够达到的最高水平。在维果茨基的理论中，教育者或更有经验的同伴提供适当的支持和引导，将学习者引导到他们的最近发展区，从而帮助学习者完成更高水平的任务。这种支持和引导可以通过提出问题、激发好奇

---

① Sheridan S. Pedagogical quality in preschool: A commentary[J]. Educational encounters: Nordic studies in early childhood didactics, 2011(1): 223-242.

② Kumpulainen K, Krokfors L, Lipponen L, et al. Learning bridges–Toward participatory learning[EB/OL]. (2009-12-23)[2022-01-16].https://www.academia.edu/374230/Learning_Bridges_Toward_Participatory_Learning_Environments.

心、提示策略、提供反馈等方式实现。随着学习者的能力提高，他们的最近发展区也会逐渐扩大，从而使他们能够独立地完成更加复杂的任务。

教育者可以通过提供适当的支持和引导，帮助学习者逐步扩展他们的能力和知识，从而在适当的时机促进他们进一步发展。更有经验的教育者可以通过支架教育来支持儿童扩展他们的知识和能力。支架教育被视为一个情境特定的、动态的、人际相关的过程，在这个过程中，儿童和教师都表现出主动性并能做出决策，他们都是积极参与者。[①] 教育者在师幼互动中可以根据每个儿童的需求和能力，提供个性化的指导和支持。通过观察儿童的兴趣、学习风格和发展水平，为他们设计适当的学习活动和挑战。师幼互动中教育者很重视合作学习。在北欧幼儿园，教育者鼓励儿童与同伴一起探索、合作和解决问题。通过合作学习，儿童可以共同构建知识结构，相互激发思维，并从彼此的经验中受益。教育者在儿童探索时提供支持。通过提出问题、激发好奇心、提供提示和引导的方式，帮助儿童逐步解决问题，培养儿童的思维能力。支架教育理论强调在学习过程中逐渐减少支持，以促使学习者自主学习。在北欧幼儿园，教育者常采用的方式是逐渐让儿童在不同领域独立进行探索和学习，培养他们的自主性和解决问题的能力，在情景驱动中撬动幼儿学习。维果茨基的理论强调学习在真实的情境中发生。北欧教育者常常通过创造丰富多样的学习环境，让儿童在实际的情境中进行学习和探索，从而让学习更有意义。

（2）师幼互动能力的提升路径

● 专业的培训和继续教育

有效的专业学习为教育者提供有针对性的内容知识，深化他们对儿

---

① Kangas J, Ukkonen-Mikkola T, Harju-Luukkainen H, et al. Understanding different approaches to ECE pedagogy through tensions[J]. Education sciences, 2021, 11(12): 790.

童学习方式的理解，帮助他们在儿童学习过程中有效地开展教学实践，并将教育理念融入日常教育计划中。[①]

北欧国家通过系统性的专业培训，帮助教师深入了解师幼互动的理论基础和最佳实践环境。培训不仅涵盖师幼互动的多个维度，如情感沟通、儿童心理发展、有效指导等，还结合实际案例和互动式的教学方式，使教师能够在实际操作中体验和应用所学。学前机构还邀请专家学者入园，帮助教师从多个角度深化理解，拓展知识面和视野。在线学习资源的提供也增加了教师获取培训内容的灵活性，而定期更新的课程则确保教师始终紧跟教育领域的最新发展。此外，持续的继续教育帮助教师不断提升自身能力，为儿童提供更加优质、有关爱和针对性的教育，从而有效地促进幼儿的全面发展，提高幼儿的幸福感。

- 反思和自我评估

北欧的幼儿园鼓励教师定期对自己的教学实践进行深入反思和全面评估，教师能够更清楚地认识自己的优势所在，同时也能够识别出需要改进的领域。这种自我审视过程不仅有助于教师了解自身的专业成长路径，而且为给教师制定针对性的发展计划提供了指导。

在这个过程中，教师可以回顾自己在师幼互动方面的表现，了解哪些方法和策略在实际教学中取得了积极的效果，同时也能够识别出可能导致师幼互动不理想的因素。反思和自我评估的过程能够激发教师持续学习的动力。

通过深入思考和分析，教师可以更好地理解儿童的需求，从而更加精准地调整自己的教学方法。主动的反思和自我评估也能够提升教师的自信心，使其更加愿意尝试创新的教学方法，不断寻求提升师幼互动的

---

① Deans J, Page J, Tayler C. Learning and Teaching in the Early Years[M]. Cambridge University Press, 2016.

有效途径。此外，定期进行反思和自我评估还能够促使教师保持教育理念的更新，与不断变化的教育环境保持同步。

- 导师指导和同行互助

北欧幼儿园普遍注重建立一种协作和支持的文化，以确保教师能够共同成长和提高。

北欧国家开设了类似于"影子培训"的导师项目。这些项目将经验丰富的教师与新手教师进行配对，新手教师可以从导师的指导和支持中获益。导师通过分享他们的实践经验、教学技巧以及师幼互动的有效方法帮助新手教师更快地适应教育环境，提高教学水平，并在师幼互动方面取得更好的表现。

此外，教师们还有机会参加研讨会和工作坊，共同探讨教学实践中的困惑和想法。通过与同行的互动，教师们能够汲取各种经验，了解不同的教学方法和策略，并从中受益。这种合作和交流的氛围能够促进教师之间的相互学习，共同探索提升师幼互动质量的方法。

- 与家长合作

通过定期的家长会议、家访和平台沟通，教师与家长分享儿童在学前教育机构的表现和需求。同时，家长也能够向教师传达他们的期望和关注，使教师更加了解幼儿的个性、兴趣和需求。

教师通过与家长共同讨论儿童的发展目标和学习计划，确保教育在家庭和学前教育机构之间得以延续，家长能够在家庭环境中延伸学前教育机构的教育思路，提供与学前教育机构教育目标相一致的学习机会和活动。这种合作能够加强幼儿学习的连贯性，促进他们全面的发展。

2. 选取不同的评估工具提升评估结果的有效性

北欧幼儿园通常会根据特定的环境和情况，选择不同的师幼互动评估工具。这些评估工具旨在帮助幼儿园了解员工与儿童之间的互动质量，从而改进和优化教育和照护方式。其中比较常用的有 CLASS（课堂互动评估系统）、ECERS-R（幼儿学习环境评级量表）、ITERS-R（婴幼儿学习环境评定量表）、TECS（师生互动量表），CIS（照顾者互动量表）、CIP（照顾者互动档案量表）等。不同的工具适用于不同的评估重点和目标。

如，CLASS 的主要目标是测量和评估教室中的教学质量，强调教师与儿童之间的互动对儿童学习和发展的重要性。该工具使用定性评级系统，通过观察和分析教室中的互动行为，评估教师的表现。CLASS 将教室互动分为情感支持、课堂管理和教学支持三个关键领域，每个领域都包含多个维度，不受学科、年龄和课程限制，应用非常广泛。

CIP 专注于评估教师在回应儿童信号，尊重儿童自主权（基本互动），促进儿童发展（教育互动）等方面的行为。与其他量表的不同之处在于，它关注的是个别员工与儿童团体之间的互动，而不是整个团体层面上所有员工的互动。同时，CIP 量表的编码和评分过程是基于视频录像的分析，这使研究人员能够更详细地观察和分析互动情况。

结语

在过去几十年里，全球范围内对学前教育的重视日益增强。越来越多的国家认识到，提供高质量的学前教育对于儿童的发展和社会的未来至关重要。特别是在 OECD 国家，学前教育在教育领域扩张和发展速度最为迅速。学前教育被视为一种社会投资策略，具有多重功能：为正式学校教育做准备、促进儿童福祉、实现社会融合、增强就业能力、减弱社会不平等、提高女性劳动参与度，带来更广泛的经济效益等。①

许多国家的学前教育研究者和政策制定者使用"儿童保育三角"的比喻来反映学前教育服务的可及性、质量和可负担性之间的关系。北欧国家在三者之间的权重分配有其显著的特点。在北欧国家，学前教育的普及率已经非常高，政府为此提供了充足的经济支持，确保家庭能够负担得起这项服务。因此，北欧国家更加注重学前教育服务质量的提升。研究表明，高质量学前教育的特点包括以儿童和目标为导向，注重互动、沟通与参与，学习环境中充满挑战和学习的机会，儿童有机会参与并影响正在进行的活动以及他们自身的学习过程。②数十年来，北欧各国通过高质量的课程、优质的教师培训、充满启发和创造性的学习环境等多方

---

① Motiejunaite-Schulmeister A, Balcon M P, De Coster I. Key data on early childhood education and care in Europe, 2019 edition. Eurydice report[R]. European Commission. Education, Audiovisual and Culture Executive Agency. 2019.

② Sylva, Kathy, et al., eds.Early childhood matters: Evidence from the effective pre-school and primary education project[M]. Routledge, 2010.

面的投入，致力于确保儿童在学前阶段得到全面而优质的教育。

在当前国际和国内多重因素的复杂影响下，"北欧模式"下的学前教育也在面临新的挑战。国际层面的挑战包括全球化和科技进步，使跨文化交流增多，对学前教育的多样性和包容性提出更高要求。同时，移民和难民流动使学前教育需要适应不同背景儿童的需求，这对教育系统提出更高的适应性要求。另一个国际因素是国际比较和标准化趋势。全球范围内，越来越多国家开始注重学前教育的质量和效果，并采取标准化测试等方法来评估学前教育的表现。这可能在一定程度上推动了学前教育的标准化和评估，但也可能对教育创新和儿童的整体发展产生限制。同时，劳动力市场的变化也对北欧学前教育带来挑战。在国内，社会和家庭结构的变化也是构成挑战的因素。家庭的期望和需求在不断变化，这对学前教育的内容和方式提出更高的要求。同时，教育政策的不断变化和发展也会引发新的问题和挑战。以教师教育的变革为例，在过去的几十年中，北欧的教师教育从职业教育向以研究为基础的高水平学位教育迈进。这种转变是社会范式转变的一部分，人们已经认识到，从业人员的高水平将在未来带来良好的教育质量和社会效益。因此，大学里的教师教育被视为北欧国家实现高质量和社会进一步公平的重要推动力量。此外，从北欧的传统来看，学前教育质量高度体现在对个人民主参与的重视。然而，随着新自由主义的兴起和市场化的深入，这一概念也受到了挑战，重点转向竞争日益激烈的社会和目标管理。为了应对这些挑战，北欧各国在保留北欧传统特色的同时，开始对"北欧模式"的内核和本质进行再思考，以持续的政策调整和教育创新去寻求和优化适合北欧的学前教育高质量发展路径。

本书从生态系统的角度，在微观、中观和宏观层面上探讨了北欧与学前教育相关的因素。无论从哪个角度来看，学前教育对儿童来说都是一种有影响力的民主和建设性的特权，儿童的参与对北欧社会未来的可持续发展至关重要。未来北欧国家仍会将儿童福祉置于社会政策和实践的中心，儿童福祉仍将是未来政治、经济政策和社会投资的重点。因为这不但使每个儿童受益，也将为北欧带来更加美好的未来。

参考文献

中文文献

黄继仁，陈冠臻 . 丹麦民众高等学校的发展与现况 [J]. 台湾教育研究期刊，2020，1（5）：209–216.

霍琳 . 从普及到优质：挪威学前教育模式的形成与特点 [J]. 河北师范大学学报（教育科学版），2020，22(06):95–101.DOI:10.13763/j.cnki.jhebnu.ese.2020.06.012.

江夏 . 儿童福利视角下瑞典学前教育公共支出政策内容、特征及启示 [J]. 学前教育研究，2018（03）：3–12.DOI:10.13861/j.cnki.sece.2018.03.001.

泥安儒 . 北欧福利国家教育政策发展研究 [D]. 河北大学，2016.

宋丽芹 . 挪威高质量普及学前教育的制度保障及启示 [J]. 外国中小学教育，2019（04）：10–18.

许浙川，柳海民 . OECD 国家推行有效衔接的目的与举措——基于对《强势开端：幼小衔接报告》的考察 [J]. 比较教育研究，2019（01）：85–91.

汤成麟 . 丹麦学前教育师资培养体系的现状及其启示 [J]. 河北师范大学学报（教育科学版），2015，17（02）：107–113. DOI:10.13763/j.cnki.jhebnu.ese.2015.02.020.

英文文献

Arianna Lazzari. The current state of national ECEC quality frameworks, or equivalent strategic policy documents, governing ECEC quality in EU Member States[EB/OL].(2017)[2022-12-15]. https://nesetweb.eu/wp-content/uploads/2019/06/AHQ4.pdf.

Bennet J. Pedagogy in early childhood services with special reference to Nordic approaches[J]. Psychological Science and Education, 2010, 15(3): 16-21.

Berit Bae. Children's right to participate–challenges in everyday interactions[J]. European early childhood education research journal, 2009, 17(3): 391-406.

Borchorst A. Danish Child-Care Policies within Path—Timing, Sequence, Actors and Opportunity Structures[M].Childcare and preschool development in Europe: Institutional perspectives. London: Palgrave Macmillan UK, 2009: 126-141.

Bøe M, Heikka J. Kettukangas T, et al. Pedagogical leadership in activities with children–A shadowing study of early childhood teachers in Norway and Finland[J]. Teaching and Teacher Education, 2022, 117: 103787.

Bronfenbrenner U, Morris P A. The Bioecological Model of Human Development Handbook of child psychology: Vol 1, Theoretical models of human development (pp. 793-828)[J]. Hoboken, NJ, US: John Wiley & Sons Inc, 2006.

Broström S, Einarsdottir J, Pramling Samuelsson I. The Nordic perspective on early childhood education and care[J]. International handbook of early childhood education, 2018: 867-888.

Broström S, Jensen A S, Hansen O H. Values in Danish early childhood education and care[J]. Nordic social pedagogical approach to early years, 2017: 25-41.

Caroline de la Porte, Trine P Larsen, ÅsaLundqvist. Still a poster child for social investment? Changing regulatory dynamics of early childhood education and care in Denmark and Sweden[J]. Regulation & Governance, 2022.

Dahlberg G, Moss P, Pence A. Beyond quality in early childhood education and care: Languages of evaluation[M]. Routledge, 2013.

Dalli C, White E J, Rockel J, et al. Quality early childhood education for under-two-year-olds: What should it look like? A literature review[J]. Report to the Ministry of Education. Ministry of Education: New Zealand, 2011.

Diderichsen A, Thyssen S, Jacobi A. Omsorg og udvikling [Care and development][J]. Copenhagen, Denmark: Danmarks Pædagogiske Universitets Forlag, 2005.

Einarsdottir J, Purola A M, Johansson E M, et al. Democracy, caring and competence: Values perspectives in ECEC curricula in the Nordic countries[J]. International Journal of Early Years Education, 2015, 23(1): 97-114.

Einarsdottir J. Training of preschool teachers in Iceland[J]. University of Iceland. Retrieved May, 2011, 15: 2021.

Einarsdóttir J. The role of adults in children's dramatic play in Icelandic preschools[J]. European Early Childhood Education Research Journal, 1998, 6(2): 87-106.

Emilson, A., &Johansson E.(2018). Values in Nordic early childhood education: democracy and the child's perspective. In M. Fleer, B., van Oers (Eds.), International Handbook of Early Childhood Education(pp. 929-954). London: Springer Science+Business Media.

Emilson, A., & Johansson, E. (2009). The desirable toddler in preschool: Values communicated in teacher and child interactions. In *Participatory Learning in the Early Years* (pp. 77-93). Routledge.

Epstein J L, Sanders M G, Sheldon S B, et al. School, family, and community partnerships: Your handbook for action[M].Corwin Press, 2018.

Eriksen E. Democratic participation in early childhood education and care-serving the best interests of the child[J]. Nordisk barnehageforskning, 2018, 17(1).

Eurostat. (2021a). Children in formal childcare or education by age group and duration-% over the population of each age group-EU-SILC survey[ilc_caindformal], Eurostat online database. Eurostat.

European Commission. https://eurydice.eacea.ec.europa.eu/national-education-systems/denmark/early-childhood-education-and-care[EB/OL]. (2022-08-23)[2023-06-27].

European Commission.https://eurydice.eacea.ec.europa.eu/national-education-systems/sweden/early-childhood-education-and-care[EB/OL]. (2022-08-23)[2023-06-27].

European Commission.https://eurydice.eacea.ec.europa.eu/national-education-systems/norway/early-childhood-education-and-care[EB/OL]. (2022-08-23)[2023-06-27].

European Commission. https://eurydice.eacea.ec.europa.eu/national-education-systems/finland/early-childhood-and-school-education-funding. (2022-08-23)[2023-07-27].

European Commission. https://eurydice.eacea.ec.europa.eu/national-education-systems/norway/early-childhood-and-school-education-funding. (2022-08-23)[2023-06-27].

European Commission. Proposal for key principles of aquality framework for early childhood education and care[EB/OL].(2014)[2022-12-15]. https://www.value-ecec.eu/wp-content/uploads/2019/11/ecec-quality-framework_en.pdf.

Finnish Education Evaluation Centre. Guidelines and recommendations for evaluating the quality of early childhood education and care[EB/OL]. (2019)[2022-12-12]. https://karvi.fi/wp-content/uploads/2018/10/FINEEC_Guidelines-and-recommendations_web.pdf.

Garvis. S.,& Ødegaard. E.E.(2018).Introduction. In Garvis. S.,&

Ødegaard(Ed.), Nordic Dialogues on Children and Families(pp1-9). Oxon: Routledge.

Grindheim L T. Exploring the Taken-for-Granted Advantage of Outdoor Play in Norwegian Early Childhood Education[M]//Outdoor Learning and Play: Pedagogical Practices and Children's Cultural Formation. Cham: Springer International Publishing, 2021: 129-144.

Håkansson J. Organising and leading systematic quality work in the preschool–preschool managers' perspectives[J]. School Leadership & Management, 2016, 36(3): 292-310.

Page, Jane, and Collette Tayler, eds. *Learning and teaching in the early years[M]*. Cambridge University Press, 2016.

Jensen J J. The Danish pedagogue education[M]//Pathways to professionalism in early childhood education and care. Routledge, 2016: 15-28.

Jónsdóttir K, Björnsdóttir A. Iceland: Home–school cooperation in Iceland: characteristics and values[M].Parental Involvement Across European Education Systems. Routledge, 2019: 36-48.

Jónsdóttir K. Home-school relationships and cooperation between parents and supervisory teachers[J]. Barn–forskning om barn og barndom i Norden, 2012, 30(4).

Kangas J, Ukkonen-Mikkola T, Harju-Luukkainen H, et al. Understanding different approaches to ECE pedagogy through tensions[J]. Education sciences, 2021, 11(12): 790.

Kansanen P. Constructing a research-based program in teacher education[M].Competence oriented teacher training. Brill, 2006: 9-22.

Karila, K. A Nordic perspective of on early childhood education and care policy[J]. European Journal of Education, 2012: 47(4), 584-595.

Kjørholt, A., and Jens Qvortrup, eds. The modern child and the flexible labour market: early childhood education and care[M]. Springer, 2011.

Klinkhammer N. Monitoring Quality in Early Childhood Education and

Care.: Approaches and experiences from selected countries[J]. 2017.

Korsvold T. Dilemmas over childcare in Norway, Sweden and West Germany after 1945[M]//The modern child and the flexible labour market: Early childhood education and care. London: Palgrave Macmillan UK, 2012: 19-37.

Kragh-Müller G. Nordic Social Pedagogical Approach to Early Years[D]. University of Illinois, USA, 2017.

Kristjansson B. The making of Nordic childhoods[J]. Nordic childhoods and early education: Philosophy, research, policy, and practice in Denmark, Finland, Iceland, Norway, and Sweden, 2006: 13-42..

Kumpulainen K, Krokfors L, Lipponen L, et al. Learning bridges: Toward participatory learning environments[EB/OL].(2009)[2022-12-23]. https://helda.helsinki.fi/bitstream/handle/10138/15631/LearningBridges. pdf?sequenc

Larsen T P, de la Porte C. Early childhood education and care in Denmark: a social investment success[M]//Successful Public Policy in the Nordic Countries: Cases, Lessons, Challenges. Oxford University Press, 2022: 66-87.

Larsen T P, de la Porte C , Lundqvist Å. Still a poster child for social investment? Changing regulatory dynamics of early childhood education and care in Denmark and Sweden[J]. Regulation & Governance, 2022.

Läraförbundet. Lärarförbundets rapport: Satsa tidigt-satsa på förskola. https://www.lararforbundet.se/artiklar/rapport-fran-lararforbundet-satsa-tidigt-satsa-pa-forskolan, 2015.

Lee D H L, Hong H, Niemi H. A contextualized account of holistic education in Finland and Singapore: Implications on Singapore educational context[J]. The Asia-Pacific Education Researcher, 2014, 23: 871-884.

Moss, P. Bringing politics into the nursery: Early childhood education as a democratic

Practice[J]. European Early Childhood Education Research Journal,

15(1), 1–20.

Motiejunaite-Schulmeister A, Balcon M P, de Coster I. Key Data on Early Childhood Education and Care in Europe, 2019 Edition. Eurydice Report[R]. Education, Audiovisual and Culture Executive Agency, European Commission, 2019.

Mamat N, Luen L C, Mustapha M C, et al. The Quality of PERPADUAN Pre-school Environment and Human Resources: Teachers' Satisfaction on their Career Development[J]. International Journal of Academic Research in Business and Social Sciences, 2019, 9(5): 882-897.

Nordic Council of Ministers. Nordic Approaches to Evaluation and Assessment in Early Childhood Education and Care[EB/OL].(2022-02-21) [2022-11-12].https://pub.norden.org/temanord2022-512.

Nordic Council of Ministers. Pedagogy in ECEC. https://norden.diva-portal.org/smash/get/diva2:1093973/FULLTEXT01.pdf

Norwegian Ministry of Education and Research.OECD-Quality Matters In Early Childhood Education and Care:Norway[R]. 2013:28-36.

Norwegian Ministry of Education and Research. Teacher Education 2025.National Strategy for Quality and Cooperation in Teacher Education[EB/OL].(2018-04-24)[2023-07-15].

Norwegian Ministry of Education and Research.OECD-Thematic Review of Early Childhood Education and Care Policy in Norway. 2016:63-83.

Norwegian Ministry of Education and Research. Competencies for tomorrow's kindergartens: Revised strategy for competence and recruitment 2018–2022.2017.

OECD. Quality Matters in Early Childhood Education and Care: Sweden [EB/OL].(2013-02-05)[2022-11-17]. https://www.oecd.org/education/school/ SWEDEN%20policy%20profile%20-%20published%2005-02-2013.pdf.

OECD. (2006). Starting strong II: Early childhood education and care. OECD. https://www.oecd.org/education/school/37519079.pdf.

OECD. Transitions from ECEC to school[EB/OL].(2017)[2022-11-25].

https://www.oecd.org/education/school/SS5-country-background-report-denmark.pdf

OECD. 2020. Early childhood education: Equity, quality and transitions. Paris: OECD. https://www.oecd.org/education/school/early-childhood-education-equity-quality-transitions-G20.pdf

OECD.OECD Reviews of evaluation and assessment in education-Sweden[EB/OL]. (2011-2)[2022-12-8]. https://www.oecd.org/sweden/47169533. pdf.

OECD. Staring Strong IV: Monitoring Quality in Early Childhood Education and Care[EB/OL].(2015)[2022-10-12]. https://read.oecd-ilibrary. org/education/starting-strong-iv_9789264233515-en#page1.

Pellegrini, A. (2009). The role of play in human development . New York: Oxford University Press.

Peter Moss. Democracy as first practice in early childhood education and care[M]. Centre of Excellence for Early Childhood Development, 2011.

Pianta R C, La Paro K M, Hamre B K. Classroom Assessment Scoring System™: Manual K-3[M]. Paul H Brookes Publishing, 2008.

Prosalenti G. Preschool quality in the Swedish context: Preschool Heads' Perspectives and Actions[EB/OL]. (2019)[2022-11-11]. https://www.diva-portal.org/smash/get/diva2:1344900/FULLTEXT01.pdf

Pursi A, Lipponen L. Constituting play connection with very young children: Adults' active participation in play[J]. Learning, Culture and Social Interaction, 2018, 17: 21-37.

Ringsmose C. Global education reform movement: Challenge to Nordic childhood[J]. Global Education Review, 2017, 4(2): 92-102.

Ron Toomey. Values education, instructional scaffolding and student wellbeing[EB/OL]. (2010-01-01)[2022-11-10]. https://link.springer.com/content/pdf/10.1007/978-90-481-8675-4.pdf?pdf=button.

Salminen, J. Early childhood education and care system in Finland[EB/OL].(2017-12-30)[2022-12-25]. https://onlinecourses.jyu.fi/pluginfile.

php/4035/mod_resource/content/2/Salminen%202017_Finnish%20ECEC%20system.pdf

Sandseter E B H, Lysklett O B. Outdoor education in the Nordic region[J]. International handbook of early childhood education, 2018: 889-906.

Sandseter E B H. Risky play and risk management in Norwegian preschools—A qualitative observational study[J]. Safety Science Monitor, 2009, 13(1): 2.

Segerholm C. The quality turn: Political and methodological challenges in contemporary educational evaluation and assessment[J]. Education Inquiry, 2012, 3(2): 115-122.

Sheridan S. Discerning pedagogical quality in preschool[J]. Scandinavian journal of educational research, 2009, 53(3): 245-261.

Sheridan S. Pedagogical quality in preschool: A commentary[J]. Educational encounters: Nordic studies in early childhood didactics, 2011: 223-242.

Siraj-Blatchford I. Creativity, communication and collaboration: The identification of pedagogic progression in sustained shared thinking[J]. 2007.

Sylva K, Melhuish E, Sammons P, et al. The effective provision of pre-school education (EPPE) project: Final Report: A longitudinal study funded by the DfES 1997-2004[M]. Institute of Education, University of London/ Department for Education and Skills/Sure Start, 2004.

Skolverket 2019. Curriculum for the Preschool, Lpfö 18[EB/OL].(2019-05-15)[2022-11-25]. https://www.skolverket.se/getFile?file=4049.

Sommer D, Samuelsson I P, Hundeide K. Child perspectives and children's perspectives in theory and practice[M]. Springer Science & Business Media, 2009.

Stig Broström, Anders Skriver Jensen, Ole Henrik Hansen. Values in Danish early childhood Education and care[EB/OL].(2017-05-12)[2022-11-27]. https://www.researchgate.net/publication/309364682_Values_in_Danish_

Early_Childhood_EEducatio_and_Care/link/5915e080a6fdcc963e83bb31.

SusanneGarvis. Quality of Employment of Childcare. Country report: Sweden.2018.

The Icelandic national curriculum guide forpreschools[EB/OL].(2014-03) [2022-11-20]. https://www.government.is/library/01-Ministries/Ministry-of-Education/Curriculum/adalnrsk_greinask_ens_2014.pdf.

The Nordic Council and the Nordic Council of Ministers. The population of the Nordic Region[EB/OL].(2023-05-17).https://www.norden.org/en/information/population-nordic-region.

Tudge J R H, Merçon-Vargas E A, Liang Y, et al. The importance of Urie Bronfenbrenner's bioecological theory for early childhood education[M]. Theories of early childhood education. Routledge, 2022: 50-61.

Tudge J R H, Mokrova I, Hatfield B E, et al. Uses and misuses of Bronfenbrenner's bioecological theory of human development[J]. Journal of family theory & review, 2009, 1(4): 198-210.

Thyssen S. Caring and toddlers' development in day care[J].Aarhus: Systime, 1995.

Uusimäki L, Yngvesson T E, Garvis S, et al. Parental involvement in ECEC in Finland and in Sweden[J]. Nordic families, children and early childhood education, 2019: 81-99.

VanLaere K, Van Houtte M, Vandenbroeck M. Would it really matter? The democratic and caring deficit in 'parental involvement'[J]. European Early Childhood Education Research Journal, 2018, 26(2): 187-200.

Venninen T, Purola K. Educators' views on parents' participation on three different identified levels[J]. Journal of Early Childhood Education Research, 2013, 2(1): 48-62.

Wagner J T, Einarsdottir J. The good childhood: Nordic ideals and educational practice[J]. International Journal of Educational Research, 2008, 47(5): 265-269.

Wagner J T. An outsider's perspective[J]. Childhoods and early education in the Nordic countries. W: J.Einarsdottir. JT Wagner (red.), Nordic childhoods and early education, 2006: 289-306.

Westergård E, Galloway D. Partnership, participation and parental disillusionment in home–school contacts: a study in two schools in Norway[J]. Pastoral care in Education, 2010, 28(2): 97-107.

WHO. The importance of caregiver-child interactions for the survival and healthy development of young children. A Review. World Health Organization. Department of Child andAdolsescent Health and Development.2004.

Winther-Lindqvist D A. The role of play in Danish child care[J]. Nordic social pedagogical approach to early years, 2017: 95-114.